U0905230

ZHONGGUO GUONEI SHANGPIN SHICHANG ZHENGHE DE
CEDU YINGXIANG JIZHI YU XIAOYING YANJIU

中国国内商品市场整合的测度、影响机制与效应研究

洪　勇◎著

经济日报出版社

图书在版编目（CIP）数据

中国国内商品市场整合的测度、影响机制与效应研究/洪勇著．—北京：经济日报出版社，2020.12

ISBN 978-7-5196-0759-3

Ⅰ.①中…　Ⅱ.①洪…　Ⅲ.①国内市场—商品市场—研究—中国　Ⅳ.①F723.8

中国版本图书馆 CIP 数据核字（2020）第 258511 号

中国国内商品市场整合的测度、影响机制与效应研究

著　　者	洪　勇
责任编辑	门　睿
责任校对	王阿林
出版发行	经济日报出版社
地　　址	北京市西城区白纸坊东街 2 号 A 座综合楼 710 （邮政编码：100054）
电　　话	010-63567684（总编室） 010-63584556（财经编辑部） 010-63567687（企业与企业家史编辑部） 010-63567683（经济与管理学术编辑部） 010-63538621　63567692（发行部）
网　　址	www.edpbook.com.cn
E-mail	edpbook@126.com
经　　销	全国新华书店
印　　刷	天津雅泽印刷有限公司
开　　本	710×1000mm　1/16
印　　张	13.75
字　　数	150 千字
版　　次	2021 年 3 月第一版
印　　次	2021 年 3 月第一次印刷
书　　号	ISBN 978-7-5196-0759-3
定　　价	56.00 元

本书获得了国家自然科学基金项目“中国国内商品市场整合研究：测度、影响机制与效应分析”（编号：71940011）的资助

目 录

第一章 引 言

1.1 研究背景

2019年末新冠肺炎疫情突然爆发，极强的传染性使其迅速在全球蔓延，除了极个别国家和地区没有发现确诊病例外，超过200多个国家和地区都已出现了确诊病例，已经形成了全球性大流行的局面。由于还没有研发出针对新冠肺炎的特效药，因此，在安全、高效的新冠肺炎疫苗被研发出并在人群中大规模使用之前，疫情全球大流行的不利局面很难被扭转。为了防止疫情的快速传播，各国普遍采取了停工、隔离甚至是封城等严格的管制措施，基本暂停了必需品生产以外的经济活动。虽然一些国家随着疫情阶段性的好转，分阶段逐渐重启了部分经济活动，但其水平与疫情前相比仍然有较大差距。随着疫情的发展和蔓延，国际货币基金组织（IMF）多次下调了对2020年全球GDP增速的预期。IMF认为，此次新冠肺炎疫情对全球经济的负面影响将远超2008

年的全球金融危机，并将导致自20世纪30年代“大萧条”以来最为严重的经济衰退。新冠肺炎疫情的全球大流行，使世界各国暂时关闭了“国门”，严重阻碍了世界各国之间的经济贸易往来。世界贸易组织的预测显示，受新冠肺炎疫情影响，2020年世界贸易额将大幅萎缩13%～32%。此外，疫情导致世界经济下行将会进一步加剧外需下降，给包括中国在内的各国外贸出口带来巨大的冲击。除了新冠肺炎疫情带来的不利影响外，对外贸易还面临着“逆全球化思潮”的挑战。特朗普上台以后，提出了“美国优先”的战略，在该战略思想的指引下，凡是不符合美国利益的国际组织和协定，美国就会将其踢开。因此我们可以看到，自从特朗普上台以来，美国政府不断退出各种国际组织和协定。在美国政府不断“退群”的过程中，“逆全球化思潮”不断兴起，贸易保护主义不断抬头。特别是美国挑起的中美贸易摩擦，对我国出口贸易造成了很大压力。此外，美国为了在芯片、人工智能等高科技领域保持一家独大的局面，对我国以华为为首的多家高科技企业和机构进行了极限打压和制裁，企图压缩我国高科技企业的海外生存空间，这使我国高科技企业在开拓海外市场时面临着较大阻力。因此，面临复杂多变的国际国内环境，我国经济要摆脱困境、尽快走出阴霾就显得更为艰难。

1.2 研究意义

中国改革开放以来，在40多年的时间里，经济飞速发展，取得了令世人瞩目的成就。对外贸易在这一过程中做出了很大的贡献，居功至伟。但同时也形成了我国经济发展对贸易出口过分依赖的现状。此次新冠肺炎疫情和近年来以美国为首的“逆全球化思潮”的兴起，使我国的对外贸易面临着巨大的挑战和不确定性，过去那种过分倚重出口带动经济增长的方式致使我们经常受制于人，是不可持续的。因此，经济发展过分依赖于出口的现状是值得推敲和深思的问题。中国现在和将来的经济增长应该充分注重国内、国际两个大局，扩大内需与稳定外需要两手抓，两手都要硬，充分利用内、外两个市场的规模经济效应为我国经济发展服务。在目前新冠肺炎疫情和“逆全球化思潮”兴起的背景下，通过扩大内需的方式帮助中国经济走出目前的困境就具有更为重要的意义。

挖掘国内市场、扩大内需是以全国统一的大市场作为前提条件的。但现实情况是，中国市场化改革虽然取得了巨大成效，国内市场分割却依然严重。如 20 世纪 90 年代烟草、白酒等消费品市场的分割、21 世纪以来各地在出租车市场对本地汽车行业的保护、近几年比亚迪新能源汽车进入外地市场受到的各种阻碍、2017 年 3 月扬州公共自行车运营公司“没收”外地企业投放的共享单车、2017 年 1—4 月江苏省盐务局通过行政手段查扣了上千吨外地盐等。这些市场分割现象引起了党中央的高度关注，十九大和十九届三中全会报告明确指出，要坚决破除制约使市场在资源配置中起决定性作用的体制机制弊端，打破行政性垄断，防止市场垄断。虽然新冠肺炎疫情和“逆全球化思潮”兴起使我国出口贸易受到了较大影响，但是中国是世界第一人口大国，市场潜力巨大且还处于未被充分开发的状态，如果能发展并完善强大的的国内市场，充分发挥国内各地区之间的比较优势，就能源源不断地享受到规模经济带来的好处，这将成为我国未来经济发展的不竭动力。正因为如此，将中国国内市场整合或市场分割（市场整合与市场分割是同一问题的两个方面，对市场整合的研究也可以看做是对市场分割的研究，反之亦然）的相关问题作为本书的研究对象就具有重要的现实意义。[①]

1.3 研究内容

首先，笔者借鉴文献中已有的各种方法对商品市场整合程度进行测度，考虑到每种测度方法都程度不同地存在这样或那样的缺陷，因此，笔者拟对不同方法所得到的测度结果进行相互比较和验证，取长补短，这样做会使本书的结论更稳健、更可靠。其次，在考虑空间溢出效应的条件下，采用空间面板计量模型对中国省区间商品市场分割的影响因素进行分析。再次，基于市场整合的测度结果，详细分析了市场整合的各种经济效应。最后，根据前述的实证分析，笔者给出了研究结论、政策建议和未来进一步的研究方向。按照这一思路，本书的研究可分为以下几个部分：

第一章，引言部分。本章主要包括研究背景、研究意义和研究内容。

第二章，相关文献综述。本章旨在为后续研究提供理论支持

① 本书研究的样本区间统一为1999—2018年，全书保持一致。

和研究基础，具体从三个方面对文献进行梳理、归纳和总结：①回顾文献中各种测度市场整合的方法及其测度结果；②对现有文献中市场整合影响因素的分析进行梳理和归纳；③回顾文献中各种市场整合的经济效应分析。从以上三个方面对文献进行梳理、归纳和总结后，进一步对文献进行评述。

第三章，商品市场整合程度测度。采用产出结构法、贸易法、经济周期法、需求—价格法和价格法对商品市场整合水平进行测度，并对各种测度方法所得结果进行相互比较和验证，以最大限度地保证本书测度结果的准确性和可靠性，为后续市场整合（分割）影响因素和经济效应分析奠定基础。

第四章，中国国内商品市场分割影响因素分析。在各种测度方法中，价格法以经“冰山成本”模型修正的一价定律为基础，具有较好的理论基础，同时，价格法所需的商品分类价格指数数据比较容易获取，故其成为学者们在测度市场整合或分割时最普遍采用的方法。因此，本书在分析商品市场分割影响因素时，将在价格法测度结果的基础上，采用空间面板计量模型对中国省区间商品市场分割的影响因素进行分析。

第五章，国内市场分割的经济效应分析。这一部分主要分析市场分割对经济社会所产生的影响。首先，分析国内商品市场分割对技术创新的作用。其次，结合技术创新因素，研究国内商品市场分割对能源效率的影响。最后，在纳入技术创新的基础上，分析国内商品市场分割的地区收入差距效应。

第六章，总结全文。本章先总结出本文的研究结论，然后基于研究结论提出政策建议，最后提出未来的研究展望。

第二章　文献综述

随着20世纪80年代全球经济一体化的迅猛发展，市场整合的重要性得到了学者们的广泛认同。Young（2000）对中国国内商品市场整合的研究引起了广泛关注，自此中国国内商品市场整合问题一直是学术界的研究热点，众多国内外学者都加入到这一问题的研究中来。中外学者的研究获得了丰富的成果，这些成果为本书的研究打下了坚实的基础。通过对现有文献进行梳理，笔者发现中外学者在研究中国国内商品市场整合问题时主要围绕着三个方面展开：①通过各种方法测度中国国内商品市场整合程度，并以此为基础对中国国内商品市场整合及其演进趋势做出判断；②运用数理模型对中国国内商品市场整合的内在原因、机理进行理论解析，使用计量经济学方法实证分析影响中国国内商品市场整合的各种因素及其作用机制；③运用数理和计量模型研究商品市场整合的各种效应。笔者从以上述三个方面为主线，对现有研究进行梳理、归纳和评述。

2.1 商品市场整合程度测度的相关研究

现有测度市场整合程度较为常见的方法通常有五种：一是通过国内不同地区产业结构的差异或各地区专业化程度的高低来考察市场整合程度，这就是文献中所说的产出结构法或生产法；二是借鉴国际贸易中常用的引力模型，通过地区间的贸易流量和边界效应来反映市场整合程度，这就是所谓的贸易法；三是通过各地区经济周期的同步程度来反映市场一体化程度，文献中将这种方法称为经济周期法；四是通过某一地区商品价格与该地区需求联系的密切程度来反映某地市场的整合水平，即需求—价格法；五是通过地区间相同产品的价格差异来衡量市场整合程度，即在文献中广泛使用的价格法。

2.1.1 产出结构法

产出结构法是通过计算各地区的产业结构及专业化分工状况的相关指标来反映地区间的市场整合程度。Young（2000）利用1978—1997年制造业数据分析了中国各省区与全国制造业整体产出结构的离差系数及变化情况，发现在中国渐进式改革进程中，大部分省区的制造业结构呈现出收敛趋势，各地产出结构趋同现象严重，省区间市场是分割的。范剑勇（2004）认为，虽然中国省区间专业化水平和市场整合程度有所提高，但与发达国家相比，国内市场一体化程度整体上还处在一个较低的水平上，且落后于对外一体化水平。白重恩等（2004）使用Hoover地方化指数对中国各省区的专业化分工水平进行了测算，结果发现省区间的专业化程度在提高，产业结构呈现出差异化发展趋势，国内市场整合水平在提高。胡向婷和张璐（2005）、黄赜琳（2007）的研究得出了与白重恩等（2004）相似的结论。

运用生产法测度国内市场整合水平及其变化趋势虽然简单易行，且数据的可得性也较好，但该方法用产出结构、地区专业化分工水平来反映市场整合程度缺乏理论基础，产业结构和专业化分工水平与市场整合程度之间没有必然联系。从理论上说，存在着在市场整合程度不变甚至是恶化的条件下地区专业化分工水平提高的可能性（陈敏等，2007）。产出结构法在早期市场整合测度研究中比较常见，但由于存在上述缺陷，近年来学者们在测度市场整合程度时已较少使用。

2.1.2 贸易法

贸易法一般通过贸易流量、边界效应的大小及其变化来反映中国国内市场整合水平及其变化趋势。Naughton（1999）的研究发现，1987—1992年中国25个省区的省际贸易增长速度高于同一时期的国际贸易，据此Naughton认为中国省际贸易比国际贸易更为活跃，且呈现出随时间增强的趋势，中国国内市场是趋于整合的。在使用贸易法研究市场整合问题时，学者们更多倾向于使用以贸易流量为基础的边界效应法进行分析。McCallum（1995）在这一问题上进行了开创性的探索，其后，众多学者对国家间的边界效应展开了研究，如Wei（1996）、Nitsch（2000）、Head和

Mayer（2002）、Anderson 和 Wincoop（2003）、Chen（2004）、Gil－pareja et al.（2005）、Borraz et al.（2016）、Jacint 和 Jordi（2018）、Roberta et al.（2018）等。近些年来学者们纷纷使用该方法对中国国内市场整合问题进行了探索。Poncet（2002，2003）的研究发现，中国区域市场存在着向非一体化发展的趋势。黄赜琳和王敬云（2006）、黄赜琳（2007）的研究结果显示，中国内部的边界效应约为 19，远高于一些国家内部各州或省的边界效应，甚至比某些国家间的边界效应还要高，由此认为中国内部市场的整合程度还很低。赵永亮等（2008）、范爱军和孙宁（2009）、行伟波和李善同（2010）的研究也表明中国省际边界效应有上升趋势，国内市场趋于分割。洪勇（2013）的研究发现，中国国内省际间的边界效应高于中国与其十大贸易伙伴的国际边界效应，表明中国国内市场分割严重。Li et al.（2016）分别研究了中国线上和线下贸易的边界效应，发现两者都存在不同程度的上升。张昊（2016）的研究显示，相邻省份间的边界效应大约相当于 2600 千米的运输距离，这意味着中国省际间的市场分割程度较高。Hayakawa（2017）的研究发现，中国加入世贸组织后，虽然中国的国际边界效应有所下降，而国内边界效应却没有相应下降，说明中国国内市场分割依然严重。但也有学者持不同看法。Xing 和 Li（2011）认为 Poncet（2002，2003）的研究在数据上和方法上均存在着一定的问题，他们使用更一般化的模型设定，基于中国省际增值税数据的研究发现，边界效应实际上比 Poncet 的研究要低得多，且比同期美国和加拿大的还要小，因此认为中国省际间市场是趋于整合的。赵永亮（2012）的研究发现，在控制了距离等自然壁垒因素后，国内边界效应在样本期内大约为16.78，并且边界效应在1997—2002年和2002—2005年两个期间内具有上升趋势（其中后一时期的上升势头明显减弱），2005年后呈下降趋势，表明国内市场是逐渐趋于整合的。贾伟和秦富（2014）基于边界效应的研究也发现，中国国内市场正处于整合过程中。

虽然采用贸易法测度国内市场整合水平具有比较直观的经济学含义，但是省区间贸易流量的增大有可能是规模经济效应或者是省区间要素禀赋差异扩大的结果而不是省际间贸易壁垒下降所致，并且省际间贸易流量对商品间的替代弹性非常敏感，当商品间具有较高替代弹性时，很小的价格变化都会引起贸易流量的显著变化（Parsley & Wei，1996，2000，2001），显然这些变化并不是由市场整合水平变化引起的。

2.1.3 经济周期法

经济周期法是通过计算省区间经济周期同步性（协同性）来间接反映国内市场整合程度的方法，最初该方法多用在研究国家间市场一体化问题上，近年来一些学者也用它来研究国内市场整合问题。Poncet和Rondeau（2004）使用中国30个省区1992年第2季度至2004年第2季度的就业数据，通过测度省区间经济周期同步性以反映中国国内市场整合程度。徐勇和赵永亮（2007）分析了国内省区间实际产出波动的同步性，结果发现中国省区间经济周期同步性随着改革的深入而逐渐提高，国内市场逐渐趋于整合，但不同地区之间呈现出明显的差异化特征。黄玖立等

(2011) 研究了1952—2009年中国省区实际GDP的周期协同性，结果显示，改革前后经济周期协同性的走势完全不同，呈现出“先下降，后上升”的“V”型特征，由此认为国内市场是逐渐趋于整合的。黄晶（2014）认为，1987—2011年期间中国省际间经济周期同步性趋于增强，国内市场整合程度有所提高。但许统生和洪勇（2013）采用Cerqueira和Martins（2009）的C－M同步化指数法对国内省区间经济周期同步性的研究表明，省区间经济周期同步水平总体偏低，且没有表现出明显的上升趋势，说明中国国内市场整合水平较低。Song et al.（2018）的研究发现，中国省区间经济周期同步性呈现出不规则走势，间接说明国内市场没有出现明显的整合趋势。

经济周期法思想简单，数据可得性较好，但用经济周期同步性来反映市场整合程度也存在问题，即较高的经济周期同步性有可能不完全是由较高的市场整合水平引起的，还存在其他一些因素也会影响经济周期同步性。

2.1.4　需求—价格法

需求—价格法是通过某一地区商品价格与该地区需求联系的密切程度来反映某地商品市场整合水平的。需求—价格法的理论基础是一价定律。其思想可以简述为：当一国市场整合水平较高时，如果该国某一地区某种商品的本地需求增加，短时间内，该地区该种商品的本地供给不会有太大变化，因此，该种商品在该地区的价格就会上升。由于该国市场整合水平较高，商品套购成本较低，该商品在不同地区间的价格差异会导致大量低买高卖的商品套购活动，充分的商品套购会使该地区该种商品的供给大幅增加，从而导致该种商品价格下降，价格差异会逐渐缩小直至等于商品套购成本。因此，本地需求增加并不会导致本地价格明显上升。反过来，当一国市场分割程度很高时，较高的商品套购成本会极大阻碍套购活动的进行，本地需求增加就会导致本地商品价格明显上升。由此可见，当一国市场整合水平较高时，某地商品价格与该地区需求不会存在密切联系，而当一国市场整合水平较低时，某地商品价格就会与该地区需求存在较密切的联系（Gluschenko，2010；Gluschenko 和 Karchevskaya，2010）。因此，可以从本地商品价格与本地需求联系的密切程度来反映某地商品市场整合水平。洪勇和许统生（2016）基于需求—价格法，对中国1992—2011年国内市场整合水平的测度结果显示，1992—2001年间，中国国内市场整合程度没有明显的提高，而2002—2011年间，市场整合水平有显著改善。

基于一价定律的需求—价格法具有较坚实的理论基础，这是该方法的优点。但需求—价格法中的价格应是符合一价定律要求的绝对价格水平，但现实中总体价格水平通常只能用价格指数这个相对价格水平来表示，而无法获知其绝对价格水平。

2.1.5　价格法

价格法以萨缪尔森的“冰山成本”模型修正的一价定律为基础，通过检验省区间相对价格是否收敛来判定市场的整合状态，并通过相对价格的波动来反映市场整合的发展趋势。该方法具有较好的理论基础，近些年来，很多研究市场整合的文献都采用该方法来测度市场整合水平。Young（2000）利用1986—1999年中国省区间工业投入品和农产品价格数据分析了地区间产品价格差异，结果发现产品价格差异较大且没有呈明显的下降趋势，反而出现了价格差异扩大的倾向，因而他认为中国国内市场是趋于分割的。但也有一些学者的研究结论与Young（2000）的不同。Fan和Wei（2006）使用面板数据单位根检验以及ESTAR模型研究了1990—2003年中国36个主要城市93种商品的市场整合情况，结果显示大多数商品价格是符合一价定律的，这表明中国国内市场是整合的。张应武和李小瑛（2010）对中国31个省区相对价格水平的单位根检验表明，中国大部分省区的市场是整合的。桂琦寒等（2006）、陈敏等（2007）、陆铭和陈钊（2009）基于Parsley和Wei（1996，2000，2001）的方法，通过分析中国28个省区1985—2001年9类商品相对价格指数的方差发现，省区间相对价格波动经历了先扬后抑的过程，这说明中国区域市场自改革开放以来呈现出整合趋势。由于桂琦寒等（2006）、陈敏等（2007）、陆铭和陈钊（2009）只把市场整合的测度范围局限在相邻省区之间，因而不能充分说明国内市场整合情况，故范爱军等（2007）、李真（2009）对市场整合测度范围进行了扩展，他们将测度范围扩大到全国所有省区（不含港澳台）的两两组合，他们的研究也发现中国内地市场呈现出一体化发展趋势。宋冬林等（2014）使用1990—2012年省级面板数据，基于相对价格法的研究发现，国内区域市场呈现出整合趋势，但东部地区市场分割程度明显高于其他地区。李雪松和孙博文（2014）基于相对价格法对长江中游地区鄂湘赣皖四省的研究表明，四省总体市场整合程度不断提高，但湘鄂两省市场有分割趋势。洪勇（2016）基于相对价格视角的研究发现，中国国内市场整合水平有所提高，但其进程较为曲折，并非一帆风顺。王刚（2018）基于相对价格法的研究表明，国内市场总体呈现出逐渐整合的趋势。

价格能综合体现市场交易的全部信息，它是市场机制的核心，是反映市场整合或分割最直接的指标。价格法以"冰山成本"模型修正的一价定律为基础，具有较坚实的理论基础，同时，价格法所需的商品分类价格指数数据比较容易获取，故其成为学者们在测度市场整合时普遍采用的方法。

2.1.6 其他方法

除了上述五种常见测度方法外，还存在其他一些测度市场整合的方法，如技术效率法、协整法、问卷调查法、产需法等。技术效率法从生产可能性前沿的视角来测度市场分割水平，将影响宏观技术效率的因素分解为自身技术效率、要素配置效应和产出结构效率，后两者可以看作是对市场分割的一种反映，因而可以测度市场分割程度（郑毓盛和李崇高，2003）。技术效率法的缺陷在于对市场分割的判定比较模糊，且没有考虑到区域间存在的空间差异（夏骥，2014）。协整法是通过地区间同种商品价格是否存在协整关系来分析市场整合或分割情况的（喻闻和黄季焜，1998）。协整法通常只能对单一商品市场整合或分割情况进行判定，而无法分析总体市场整合或分割状况（张应武，2012）。问卷调查法通过调查问卷的方式直接获得关于市场分割和地方保护的第一手资料和相关数据，因而可能更接近事实真相，更有说服力（李善同等，2004、2006）。问卷调查法虽能获得第一手资料，但缺陷在于主观性太强，样本容量、抽样方法会直接影响判断结果，且研究周期较长，所需经费较大（余东华和刘运，2009）。产需法通过比较产业结构和消费结构的差异来反映市场整合程度，如果产业结构与消费结构差异越大，则表明市场越开放，整合程度越高（张昊，2014）。但产需法在某些情况下无法得出市场是趋于整合还是趋于分割的明确结论，且产业结构和需求结构无法在行业层面上进行精确匹配，这将对测度结果的准确性和可靠性产生重要影响。

从上述各种方法及其测度实践可以看到，各测度方法都程度不同地存在某些缺陷，且不同学者在测度我国商品市场整合程度时所得结论存在明显差异，因此有必要采用不同测度方法对中国国内市场整合程度展开进一步研究，这也体现了本书的研究意义。

2.2 商品市场整合影响因素的相关研究

对于我国商品市场整合影响因素的研究，大多数学者都是从政府角度展开的。他们认为，地方政府为了实现本地利益最大化而偏离市场化改革目标，采取各种或明或暗的措施来分割市场。但一些学者认为除了政府因素以外，市场因素、自然因素在中国国内市场整合过程中同样扮演了重要角色，国内市场整合现状是政府、市场、自然等因素交织在一起所形成合力的结果。

2.2.1 政府因素与市场整合

地方政府行为是形成国内市场分割的重要原因，这一观点得到了学者们的广泛认同。学者们通常把地方政府所导致的市场分割归结为以下几个因素：以财政分权和行政分权为基础的分权式改革、地方官员内在的政治升迁激励、地方政府的赶超战略、地方政府相互之间竞争等。

沈立人和戴园晨（1990）认为分权式改革强化了地方政府的本地观念，从而使地方政府有了分割市场的动机，因而形成了“诸侯经济”。在渐进式改革中，随着中央政府权力的下放，地方政府发现经济扭曲带来了大量“租金”，寻租的利益冲动使得地方政府行为具有地方保护和市场分割倾向（Young，2000）。邢华和胡汉辉（2003）认为财政分权后，地方政府收入来源从以前由中央财政拨款为主转变为以地方税收和寻租收入为主，地方政府促进经济增长的激励大大增强，追求本地经济利益最大化目标使得政府规模不断扩大，地方政府干预市场和提供保护的能力也就不断增强。藏跃茹（2000），银温泉和才婉茹（2001），Li et al.（2003）等也从分权式改革角度说明了国内市场分割的原因。刘小勇和李真（2008）从实证的角度证实了财政分权对国内市场整合具有阻碍作用。罗勇和刘锦华（2016）基于动态面板模型和系统 GMM 方法的研究表明，财政分权阻碍了省际市场整合水平的提高。

由于地方官员升迁考核标准从过去以考察政治表现为主转变为以考核经济绩效为主，因而一些学者从地方官员面临的升迁激励机制视角研究了市场分割和地方保护的原因。周黎安（2004）认为，地方政府间合作困难的根源并不主要来源于地方官员的财政激励和他们之间的经济竞争，而在于附着在经济竞争中的政治晋升博弈。贺振华（2006）认为，地方官员在政治晋升和寻租利益的驱动下，会对本地进行过度投资，从而出现产能过剩。为了能最大限度的吸收过剩产能，地方政府只能采取地方保护措施排斥外地企业，从而保护本地市场。皮建才（2008）的研究发现，在国内市场一体化进程中，正的外部溢出效应能有效促进市场整合，但地区收入差距对市场整合会产生不利影响，而中央政府对地方政府官员的考核机制会对这两种力量的对比产生重要影响，进而影响到国内市场整合进程。Li 和 Zhou（2005）、徐现祥等（2007）、皮亚彬（2016）也认为地方官员出于个人仕途考虑可能会实行分割市场的措施。

一些学者从地方政府赶超战略和战略性行为的角度来解释地方政府为何要实施市场分割政策。林毅夫和刘培林（2004）认为改革开放以来所形成的中国国内市场分割和地方保护，在很大程度上是优先发展重工业的赶超战略的结果。在赶超战略指导思想下，地方政府为了在经济上实现赶超而忽略了按本地资源禀赋和比较优势进行专业化分工和协作，这样就自然形成了国内市场分割和地方保护。陆铭等（2004）基于收益递增假设，对形成区域经济分割和重复建设的根源展开了深入分析，发现在具有高技术比较优势且技术进步也较快的条件下，发达地区能从贸易利益分配中得到较大份额，因此，经济不发达地区暂时会选择不进入分工体系，以失去当期分工利益为代价来提高在未来利益分配谈判中的地位，正是由于经济不发达地区的这种战略性行为才导致了国内市场分割和地方保护。Zhao 和 Zhou（2017）基于制度层面的研究认为，目前所形成的市场分割环境主要是由地方政府的策略性行为造成的。

Qian 和 Weingast（1997）认为，分权式改革以后随着行政责任和权力的明确，地方政府间的竞争愈加激烈，进而导致彼此间缺乏协调与合作，各地方政府“本地思维”特征明显，无法站在更高层面来思考问题，社会资源配置出现了严重扭曲，因而造成了国内市场分割和明显的地方保护。周业安（2003）认为在分权式改革背景下必然会带来地方政府间的竞争，地方政府会基于地区分工和专业化程度、分税制改革的规范程度和地区间制度创新程度等方面来决定其竞争模式。尽管贸易保护会提高区际间贸易壁垒而不利于地方经济发展，但出于竞争需要，地方政府仍然会采取保护措施来保护本地企业和市场。邓明（2014）的研究发现中国地区间市场分割存在政策互动行为，某一地方政府采取市场分割行为会引起其他地方政府采取“以牙还牙”的策略予以应对，其进一步的研究还发现财政分权对地区间市场分割的政策互动行为具有强化作用，而中央转移支付则能显著弱化该政策互动行为。陆铭（2017）的研究表明，地方政府行为是导致市场分割和地区间分工下降的重要原因。

2.2.2 经济因素与市场整合

上述文献在分析市场整合原因时都是围绕政府因素展开的，即解释了政府为何要分割市场，但除了政府因素外，经济因素也是影响市场整合的重要原因。一些学者注意到了对外开放对市场整合进程的影响。Li 和 Zhang（2003）基于两阶段序贯博弈模型的研究结果表明，我国加入 WTO 后，进口关税的大幅削减促进了对外开放，进而有效降低了市场分割和地方保护程度。陈敏等（2007）、刘秉镰和朱俊丰（2018）认为，除地区技术差距、国有企业就业、政府消费规模等因素外，对外开放也是影响市场整合的重要因素，且经济开放对市场整合存在着非线性影响，即当对外开放处于较低水平时，开放水平提高会加剧国内市场分割，当对外开放处于较高水平时，进一步开放则能提高国内市场整合水平。范爱军等（2007）的研究发现除政府行为外，对外开放对市场整合会造成重要影响。陈宇峰和叶志鹏（2014）认为外贸依存度提高能显著促进农产品市场整合水平。刘刚（2018）的研究显示，对外贸易有利于促进国内市场整合。但也有学者认为对外开放对市场整合并无显著影响，两者间不存在显著的相关性（宋书杰，2016）。同时，还有一些学者关注失业对市场整合的影响。Poncet（2005）基于边界效应的研究显示，失业率上升会加剧市场分割。洪勇和许统生（2016）认为，高失业不仅损害经济增长，而且还会造成社会不稳定，因此，地方政府会为了降低本地失业率而进行地方保护，从而导致市场分割。还有学者研究了国有经济对市场整合的影响。白重恩等（2004）的研究发现，国有经济比重提高会使地方专业化程度下降，这意味着市场整合程度也会下降。陈敏等（2007）基于相对价格指数法的研究显示，国有企业比重有提高市场分割的作用。范欣（2016）使用空间面板模型研究了省际间市场整合的影响因素，结果发现市场整合程度会随着国有经济比重的提高而下降。王建康（2018）的研究也表明国有经济在一定程度上会加速本地市场分割过程。

2.2.3 距离、交通基础设施与市场整合

距离对市场整合程度的影响是显而易见的，现有研究市场整合影响因素的文献很多都考虑了距离因素（Poncet，2002、2003；陈敏等，2007；李真，2009；赵永亮，2008、2012；行伟波和李善同，2010），距离越远，市场一体化程度就越低，以距离为代表的自然贸易壁垒通常会加剧省际间商品市场分割（Coughlin 和 Novy，2011；刘易昂和赖德胜，2016；Borraz et al.，2016）。基础设施特别是交通基础设施对市场整合也有重要作用（Faber，2014）。张应武（2012）对珠三角市场整合影响因素进行了实证分析，结果发现以地级市公路密度衡量的交通基础设施对珠三角地区的市场一体化有显著促进作用。许统生和洪勇（2013）的研究表明，以铁路运营里程表示的交通基础设施水平对降低中国省际贸易成本、提高市场一体化水平有重要作用。Ke（2014）的研究发现，高速公路密度的提高对中国国内市场整合有显著促进作用。范欣等（2017）认为，作为社会先行资本的基础设施建设在一定程度上有助于打破国内市场分割。Lin（2018）的研究发现，基础设施建设是促进中国省区间货物流增长的重要因素。

2.2.4 其他因素

除了政府因素、市场因素、距离和交通基础设施外，还有其他一些因素也会对市场整合造成影响。踪家峰和岳耀民（2013）

从官员交流视角研究了其对市场整合的影响，结果发现官员交流能显著促进市场整合，省（市）委书记比省（市）长的促进作用更大，书记的交流水平如果提高1%，能使市场整合水平提高0.183%。魏建和王安（2016）也认为，官员异地交流制度能助推中国的市场一体化。曹春方等（2017）发现，官员会对其关联地（出生地、母校、下乡地）实施更弱的市场分割策略，平均能下降7%，存在地区偏袒的市场整合效应。但李臻（2015）的研究结果却发现官员异地交流对市场整合不具有促进作用，对全国和东部省区而言，官员异地交流对市场整合没有明显影响，对于中西部省区，官员异地交流则会加剧市场分割。李秦等（2014）研究了消费者偏好对市场整合的影响，结果发现消费者存在的商品消费本地偏好是造成市场分割的一个重要原因。陈宇峰和叶志鹏（2014）的研究显示，以高速公路收费为代表的行政性收费显著加剧了地区间贸易壁垒。谢姗和汪卢俊（2015）研究了转移支付对京津冀地区市场整合的影响，结果发现中央对河北省的转移支付总量并没有显著促进河北与京津市场的整合程度。在转移支付构成中，专项转移支付对河北与北京、天津市场的整合起到了重要的促进作用；相比之下，一般性转移支付的作用则不显著，而税收返还对京津冀市场整合起到了阻碍作用。丁从明等（2018）的研究揭示了文化和方言多样性对国内市场整合有重要阻碍作用。王建康（2018）、刘秉镰和朱俊丰（2018）的研究发现，缩小区域间技术差距能提高国内市场整合水平。

2.3 商品市场整合经济效应的相关研究

国内外学者对市场整合的经济影响进行了大量研究。部分学者发现国内市场整合对国际竞争力和对外贸易会产生影响，还有一些学者认为国内市场分割会造成资源配置效率损失。近年来，学者们逐渐开始把注意力放到市场分割如何影响经济增长上来。

2.3.1 市场整合、国际竞争力和对外贸易

熊贤良（1993）认为，省区间贸易可以提高企业效率和竞争力，有利于省区间形成较为合理的分工格局，能促进规模经济效应的实现，进而可以提高中国整体的国际竞争力。钟昌标（2002）、叶劲松和钟昌标（2003）认为，我国是在区际间还存在大量贸易壁垒的情况下就积极寻求对外开放，这样的对内、对外贸易格局会对我国充分利用内外两种资源造成严重的不利影响，特别是无法享受到大国经济所具有的独特优势，不利于我国国际竞争力的提高。区际间贸易壁垒因不利于一国整体经济的内部协调，会阻碍该国国际竞争力的提高，而我国市场化改革步伐的加快将极大促进区际贸易的开展、专业化分工的深化及规模经济的实现（王雷，2003）。朱希伟等（2005）认为正是因为国内市场分割导致了企业不得不转向国际市场，才使得中国出口增长强劲势头得以长期保持，但这个势头并不是由较高的国际竞争力驱动的，而是靠廉价支撑的。陈媛媛（2013）认为，一方面市场

分割阻碍了企业规模化生产和效率提高，导致出口竞争力下降；另一方面市场分割也有可能使企业不得不放弃国内市场而通过扩大出口来实现规模经济效应。相反的两方面作用使得市场分割对企业出口竞争力的影响不显著。宋渊洋和单蒙蒙（2014）基于中国省级面板数据的研究发现，市场分割越严重，企业经营效率越差，出口竞争力越低。洪勇（2015）的研究表明，市场整合通过作用于国内市场规模从而提高企业国际竞争力，进而促进一国出口。赵玉奇和柯善咨（2016）的研究显示，市场分割会对企业出口产生扭曲激励作用，且降低了国内规模经济培育企业出口能力和企业根据自身效率提高出口的内生动力。吕越等（2018）认为，市场分割不利于提高企业出口的国内附加值率，严重阻碍中国企业创造贸易附加值的能力。

2.3.2　市场分割与效率

郑毓盛和李崇高（2003）认为中国 1978—2000 年各省区的技术效率都有较大改善，但产出结构扭曲和省际要素配置失当导致的效率损失总体呈上升趋势，尤其是 1996 年以来产出结构扭曲和省际要素配置失当导致的效率损失持续上升，到 2000 年竟然达到了 20%，而产出结构扭曲和省际要素配置失当就是由市场分割和地方保护所引起的。刘培林（2005）认为郑毓盛和李崇高将产出按三次产业分解过于粗糙，他使用相同的方法对 2000 年 30 个省区 21 个两位数编码的制造业部门的效率损失进行了分析，结果发现市场分割和地方保护所导致的效率损失只有 5%。张华容和散长剑（2015）基于中国制造业面板数据的研究发现，市场分割会对FDI的配置效率产生抑制作用，并且市场分割对FDI配置效率的影响存在行业差异，高技术行业和重工业内FDI受到的抑制作用更强。宋马林和金培振（2016）利用2002—2014年省际面板数据并结合空间计量方法的分析表明，市场分割和地方保护加剧了区域资源配置扭曲。张德钢和陆远权（2017）基于1986—2014年省际面板数据的研究发现，市场分割对能源效率的提升有显著的抑制作用，如果能消除市场分割的不利影响，能源效应平均每年能获得1.5%的额外提升。魏楚和郑新业（2017）基于中国1995—2012年的省级面板数据证实了市场分割通过影响技术效率、规模效率和配置效率三个渠道抑制了能源效率。孙博文等（2018）的研究表明，市场分割对绿色增长效率存在非线性的倒"U"型关系，97%的研究样本存在着市场分割对绿色效率的抑制作用。陈芳和史慧敏（2020）指出，长江经济带能源环境效率与市场分割之间存在显著的倒"U"型关系。江三良和赵梦婵（2020）基于长江经济带11省市的经验研究发现，市场整合对区域全要素生产率具有显著的促进作用。

2.3.3 市场整合与经济增长

从现有关于市场整合对经济增长作用的研究看，虽然学者们都认为市场整合对经济增长有重要作用（Keller和Shiue，2016），但学者们的研究结论并不一致。一部分学者认为市场整合对经济增长有促进作用。Poncet（2003）的研究发现，市场分割不利于中国省区的经济增长。徐现祥和李郇（2005）对长三角城市群的实证研究结果表明，1990—2002年期间市场分割对长三角地区的经济协调发展产生了严重阻碍作用。这两个研究都从反面证实了市场整合是有利于区域经济增长的。徐现祥等（2007）通过比较长三角地区在经济一体化过程中与其他非一体化地区的经济增长率变化发现，一体化确实有利于促进地区经济增长。洪勇（2014）认为市场整合水平提高对经济增长有显著的促进作用。孙博文等（2016）利用1997—2014年省级面板数据的研究发现，市场整合与经济增长之间存在互相促进的内生因果关系。叶宁华和张伯伟（2017）认为，消除地方保护和市场分割不仅有利于本土企业获得国内统一大市场的规模效应，而且对中国经济增长的转型升级具有深远意义。还有一些学者的研究发现，市场整合与经济增长间的关系并不一定是线性的，它们之间可能存在非线性的关系，在一定的条件下，市场分割有可能会促进经济增长（孙博文和孙久文，2019）。陆铭和陈钊（2009）基于经济增长与市场分割非线性关系的研究发现，经济增长与市场分割两者间呈倒“U”型关系。卜茂亮等（2010）对长三角地区经济一体化如何影响经济增长进行了研究，结果显示在经济发展水平较低时，市场非一体化有利于经济增长，而在经济发展水平较高时，市场一体化会带来经济增长。付强和乔岳（2011）认为陆铭和陈钊（2009）的研究仅从实证方面展开，因而缺乏理论支持，他们认为市场分割是区域异质条件下各地方政府的竞争所形成的，经济增长和市场分割之间并不存在必然的联系。虽然市场分割阻碍了全要素生产率的进步而不利于即期的经济增长，但在一定条件下能促进未来的经济增长，从而为市场分割与经济增长之间的倒“U”型关系提供了理论基础。此外，盛斌和毛其淋（2011）的研究表明，

1995—2008年中国国内市场一体化和对外贸易开放对人均GDP的年平均贡献度分别为17.9%和7.2%，前者的作用随时间减弱，而后者的影响有所增强，这表明两者对经济增长的促进作用存在替代关系。张宇（2018）认为，作为占优策略，地方政府单方面的保护和分割市场行为能推动本地经济增长，但地方政府间的政策互动却会导致经济增长陷入“囚徒困境”。

2.3.4 市场整合的其他效应

张杰和周晓艳（2011）从有效需求、企业创新和市场分割三者间的关系出发，使用微观企业数据证实了中国省区间市场分割是导致本土企业研发创新水平低下的重要原因，国内市场分割的现状抑制了企业依靠本国市场需求来实现“需求引致创新”功能的发挥。罗党论和李晓霞（2014）研究了市场分割对企业跨省联盟的影响，结果显示，某地市场分割越严重，其他地区企业与该地区企业建立跨省联盟的动机就越强烈，联盟中其他地区的合资方就越多。其进一步的研究还发现，腐败程度越高的地区，市场分割对企业建立跨省联盟动机的影响就越显著。张艳等（2014）从市场分割的视角研究了为何中国存在出口企业生产率低于非出口企业的反常现象，即“生产率悖论”现象。他们对此的解释是，中国国内严重的市场分割现状导致企业在国内跨地区销售所要支付的成本高于进入国际市场的成本。Baier et al.（2014）的研究发现，市场一体化能促进贸易二元边际的增长，其对集约边际的作用要快于扩展边际。申广军和王雅琦（2015）考察了市场分割对企业生产率的影响，结果发现市场分割会显著降低工业企业的全要素生产率，1998—2007年期间，市场分割程度下降了45%，对企业全要素生产率的增长贡献了约16%。杨振兵（2015）分析了市场分割对工业部门产能过剩的影响，结果发现市场分割恶化了工业部门的产能过剩现象，并且市场分割程度提高还会弱化FDI对产能过剩的缓解作用。孙元元和张建清（2017）通过理论和实证研究发现，市场整合会扩大地区间生产率差异。蒲艳萍和成肖（2017）利用2002—2014年中国省际面板数据的研究表明，市场整合程度的提高可以促进地区经济集聚，最终产生新经济地理学框架下的中心—外围均衡而非对称性分布均衡。邓芳芳和王磊（2018）的研究发现，由国内市场整合所推动的要素资源跨区流动是促进产业结构调整的内在机制。卞元超等（2020）的研究显示，市场分割显著恶化了雾霾污染，其对雾霾污染的影响在时间和空间上具有明显的异质性。

2.4　亟待进一步解决的问题

通过对国内外文献的梳理可以发现，现有研究对中国国内市场整合程度测度、市场整合影响因素、市场整合经济效应都进行了深入分析，这为本书的研究奠定了坚实的理论依据和实证基础，但依然存在一些未尽之处，主要有以下几点：

第一，不同学者在测度中国国内市场整合程度时采用的方法各不相同，所得结论也存在明显差异，而每种测度方法都程度不同地存在这样或那样的缺陷，因此，只采用一种方法对市场整合程度进行测度，其结果难免会有偏差，不具有说服力。科学的做法应是，采用各种方法进行测度，并对所得到的测度结果进行相互比较和验证，取长补短，这样做才会使得到的结论更稳健、更可靠。

第二，由于不同地区之间的市场分割程度存在相互影响，如某个地区实施地方保护政策分割市场时，会引起其他地方出台“以牙还牙”的政策，即不同地区的市场分割存在空间溢出效应。而现有研究在分析市场分割的影响因素时，都忽略了不同地区之间市场分割相互影响所产生的空间溢出效应。这就需要在考虑市场分割空间溢出效应的条件下，采用空间面板计量模型对中国国内商品市场分割的影响因素进行分析。

第三，在市场整合或分割的效应研究中，现有文献基本都只关注市场整合或分割的经济效应，而忽视了其对地区收入差距的作用。缩小收入差距在我国建设和谐社会过程中具有重要意义。收入差距过大不仅有失公平，与社会主义的本质背道而驰，而且过大的收入差距也会严重阻碍效率的提高，因此，研究国内市场整合或分割对收入差距的效应研究就具有重大现实价值。

第三章　市场整合程度测度

关于中国国内商品市场整合的研究都无法回避国内商品市场是趋于分割还是整合这样一个问题。这是研究国内商品市场整合问题的起点，是该领域相关研究与分析的基础和前提，不搞清楚该问题就无法进一步深入研究诸如市场整合的影响因素和市场整合的经济效应等问题。而对这一问题的回答是建立在对中国国内商品市场整合程度进行准确测度基础上的。已有不少学者对国内商品市场整合水平进行了度量，但这些学者的测度结果并不相同，有的甚至是截然相反。为此，笔者拟采用产出结构法、贸易法、经济周期法、需求—价格法和价格法对商品市场整合程度进行测度，并对所得到的测度结果进行相互比较和验证，以最大限度地保证测度结果的稳健性和可靠性。

3.1　产出结构法

产出结构法是基于生产层面的视角，分析不同地区的产业结构情况及专业化分工状况，计算不同地区之间的行业集聚程度、地区专业化指数、产业结构相似度等指标，来反映不同地区的市场整合水平。使用该方法测度市场整合水平比较常见的指标有：产业结构相似度、Krugman 专业化指数、区位商、Hoover 地方化指数等。笔者将选用产业结构相似度和 Krugman 专业化指数这两个指标来测度中国国内商品市场整合程度。

3.1.1 产业结构相似度

Young（2000）提出，可以用各地区三次产业 GDP 的份额与各地区三次产业 GDP 平均份额的加权离差平方和来反映不同地区的产业结构相似度，并以此间接衡量中国国内商品市场整合水平，计算公式如下：

$$S^{W} = \sum_{i}\sum_{j}\omega_{i}\left(S_{ij} - S_{j}\right)^{2} \tag{3.1}$$

上式为加权离差平方和的计算公式。S^W 是以 GDP 为权重的加权离差平方和，S_{ij} 是第 i 个地区第 j 次产业的 GDP 占该地区 GDP 的份额，$S_j = \sum \omega_i S_{ij}$，$\omega_i$ 表示第 i 个地区 GDP 占全国 GDP 的比重。笔者将逐年计算出 S^W 的大小，用以观察中国国内不同省区间产业结构相似度的变化情况。如 S^W 随时间变大，说明中国国内不同省区间产业结构相似度变得越来越低，市场整合程度有提高的趋势；反之，则说明产业结构相似度变得越来越高，市场整合程度有下降的趋势。中国 30 个省区 1999—2018 年三次产业份额的数据来源于历年的中国统计年鉴和各省区的统计年鉴。①

① 本书的研究样本统一为除西藏之外的中国内地其他 30 个省区，全文保持一致。

根据上述（3.1）公式，使用相关数据计算得到 1999—2018 年的产业结构相似度如图 3.1 所示。

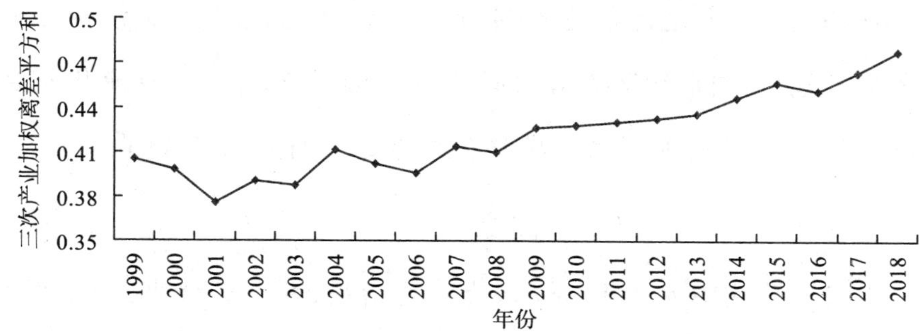

图 3.1　1999—2018 年中国 30 个省区产业结构相似度

由图 3.1 可知，从计算出的三次产业份额的加权离差平方和来看，1999—2018 年期间，中国 30 个省区的三次产业份额的加权离差平方和呈现出上升趋势，表明中国 30 个省区的产业结构相似度在下降，但产业结构相似度的演进过程表现出了较大的起伏，其在某些年份展现出了短暂的上升现象。将整个样本期划分为两个时期可以发现（2008 年发生了影响全球的国际金融危机，故以 2008 年为界，将样本期划分为 1999—2008 年和 2009—2018 年这两个子时期），1999—2008 年全国 30 个省区的产业结构相似度虽有所下降，但降幅比较有限，说明这一时期市场整合水平并没有得到明显的改善；而在 2009—2018 年期间，产业结构相似度呈现出明显的下降趋势，市场整合水平显著提高。基于产业结构相似度的走势，笔者认为 1999—2018 年中国 30 个省区商品市场整合水平呈上升趋势，但市场整合水平的提高经历了较大的起伏，并非一帆风顺。

3.1.2 Krugman 专业化指数

Krugman 专业化指数是通过计算各地区之间的产业结构差异来衡量各地区之间产业结构的同构性，因而 Krugman 专业化指数是可以用来间接刻画商品市场整合程度的。计算方法如下：

$$K = \sum_{i} \sum_{j \neq i} | S_i^k - S_j^k | \tag{3.2}$$

（3.2）公式中 K 为 Krugman 专业化指数，S_i^k、S_j^k 代表 i 和 j 两个地区 k（$k=1$，2，3）次产业 GDP 占其地区总 GDP 的比重。计算出的 Krugman 专业化指数如果随时间增大，表明不同地区产业结构的同构度是下降的，商品市场整合水平有提高的趋势；反之，则表明不同地区产业结构的同构度在上升，市场有分割的趋势。

根据（3.2）公式，使用 30 个省区三次产业份额数据计算得到的 1999—2018 年全国和东、中、西部地区的 Krugman 专业化指数如图 3.2～图 3.5 所示。[①]

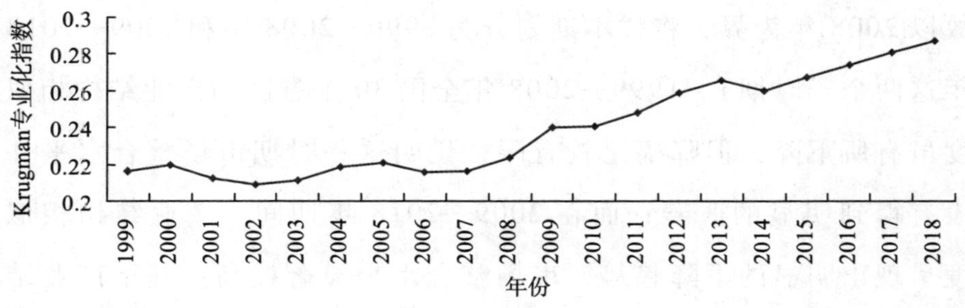

图 3.2 1999—2018 年中国 30 个省区 Krugman 专业化指数

---

① 东部地区包括京、津、冀、辽、沪、苏、浙、闽、鲁、粤、琼 11 个省市，中部地区包括晋、吉、黑、皖、赣、豫、鄂、湘 8 个省，西部地区包括蒙、桂、渝、云、贵、川、陕、甘、宁、青、新 11 个省区，下同。

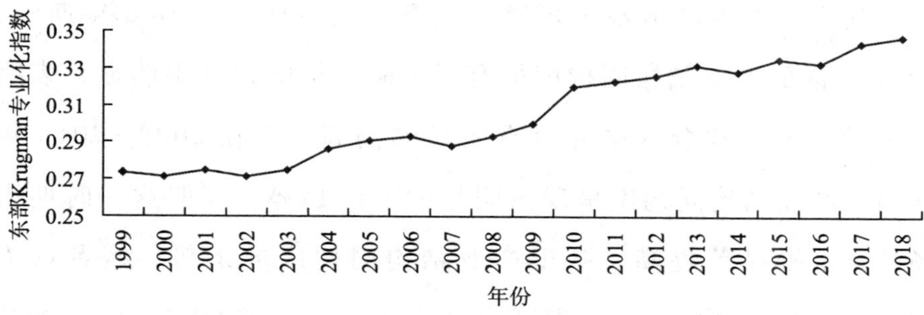

图 3.3　1999—2018 年东部地区 Krugman 专业化指数

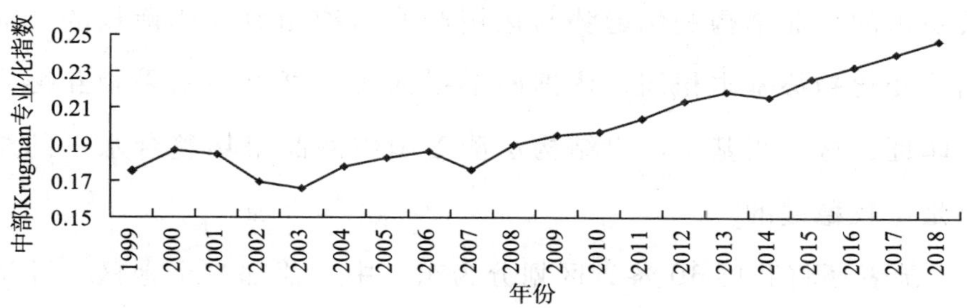

图 3.4　1999—2018 年中部地区 Krugman 专业化指数

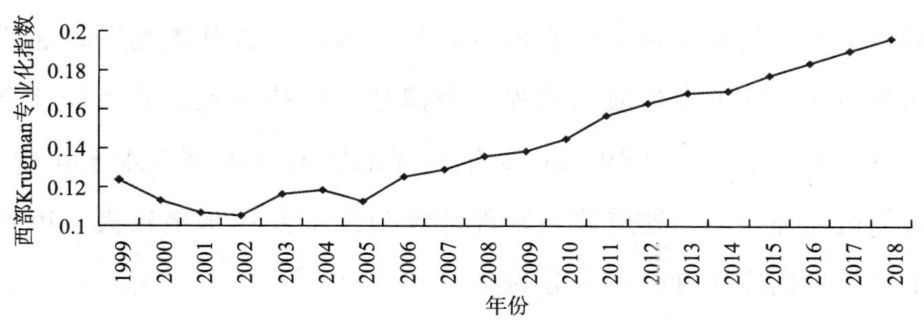

图 3.5　1999—2018 年西部地区 Krugman 专业化指数

从图 3.2 可以发现，中国 30 个省区的 Krugman 专业化指数在 1999—2018 年呈现出上升趋势，表明中国 30 个省区的产业结构同构度在下降，但产业结构同构度在下降过程中出现了一些起伏，其在一些年份出现了短暂的上升势头。1999—2008 年期间，30 个省区的产业结构同构度虽有所下降，但降幅并不明显，表明这一时期市场整合水平并没有明显的提高；而在 2009—2018 年期间，产业结构同构度呈现出明显的下降趋势，表明这一时期市场整合水平显著提高。基于产业结构同构度的走势，笔者认为 1999—2018 年中国 30 个省区商品市场是趋于整合的，但市场整合水平的提高经历了一些起伏和反复。通过 Krugman 专业化指数反映出的产业结构变化趋势与运用产业结构相似度所衡量的产业结构变化趋势基本相同，依据两个指标所测算出的结果相互得到了印证，这表明基于产出结构法测度国内商品市场整合水平的结果是比较稳健的。

笔者还将我国 30 各省区划分为东、中、西部三个地区，并运用（3.2）式分别计算了它们的 Krugman 专业化指数。结果如图 3.3 ~ 图 3.5 所示。总的来看，1999—2018 年期间，东、中、西部三个地区的 Krugman 专业化指数与全国的走势基本相同，表明三个地区市场整合的演进过程与全国基本保持一致。从市场整合的绝对水平上看，1999—2018 年东部地区的市场整合水平比中、西部地区都要高，这应该与东部地区的经济发展水平较高、市场化改革步伐较快有密不可分的关系。

3.2 贸易法

现有文献中，贸易法一般是通过贸易流量或边界效应来反映中国国内商品市场的整合程度及其变化趋势的。如果市场整合程度较高，那么在贸易流量上则应该表现为跨区贸易的大量开展或边界效应并不明显；反之，区内贸易则应该是国内贸易的主要形式或边界效应比较显著。用贸易法测度商品市场整合程度常用的方法有：①贸易流量法，即通过观察省区间贸易量的变化趋势来反映商品市场整合的状况；②边界效应法，该方法以垄断竞争为假设条件，以引力模型为基础，突出了地理边界对贸易流量的影响，用边界效应来衡量区际贸易壁垒，以间接反映商品市场的整合程度。这是文献中用贸易法测度商品市场整合程度及其演进趋势时普遍采用的方法。

众多学者采用上述两种方法对中国国内商品市场整合程度及其趋势进行了研究，研究成果较为丰富，为本节采用贸易法研究国内商品市场整合问题奠定了良好的基础。虽然采用贸易流量法和边界效应法测度国内商品市场整合程度具有比较直观的经济学含义，但上述两种方法也存在各自的缺陷。贸易流量法只能反映商品市场整合的总体趋势，但无法精确测度商品市场整合水平；而边界效应只能体现各种与地理边界相关的贸易壁垒，但这只是全部贸易壁垒的一部分而不是全部，如运输成本就没有很好地反映在边界效应之中。因此，本节在运用贸易法来测度国内商品市场整合程度时，是在 Novy（2013）测度国家之间贸易成本模型的基础上，将其作适度修正用于测度中国国内省区间的省际贸易成本，以反映国内商品市场的整合程度。

3.2.1　省际贸易成本测度模型

本节在测度国内30个省区间省际贸易成本时采用了 Novy（2013）

的模型，该模型以改进的引力模型（Anderson 和 Wincoop，2003）为基础，在消费者具有不变替代弹性效用偏好的假设条件下，建立了一个国家之间的一般均衡引力模型，对一国内部的省际贸易而言，其形式如下：

$$x_{iD_{-i}} = \frac{y_i y_{D_{-i}}}{y^C}\left(\frac{t_{iD_{-i}}}{\Pi_i P_{D_{-i}}}\right)^{1-\sigma} \tag{3.3}$$

上式中，$x_{iD_{-i}}$ 为省区 i 对国内其他所有省区的出口，y_i 、$y_{D_{-i}}$ 分别为省区 i 、除省区 i 以外国内其他所有省区的经济规模，$y^C = \sum_j Y_j$ 为中国总的经济规模，$t_{iD_{-i}}$ 为省区 i 的产品或服务流出到其他省区所面临的贸易成本，Π_i 、$P_{D_{-i}}$ 分别为省区 i 、省区 i 以外国内其他所有省区作为一个整体时的价格水平，Π_i 、$P_{D_{-i}}$ 可分别作为向外和向内的多边贸易阻力变量，σ 表示商品之间的替代弹性（$\sigma > 1$）。

将（3.3）公式中的下标 i 与 D_{-i} 交换位置，可得到除省区 i 以外国内其他所有省区对省区 i 出口 $x_{D_{-i}i}$ 的表达式，将其与（3.3）公式相乘可得到如下的公式：

$$x_{iD_{-i}} x_{D_{-i}i} = \left(\frac{y_i y_{D_{-i}}}{y^C}\right)^2 \left(\frac{t_{iD_{-i}} t_{D_{-i}i}}{\Pi_i P_i \Pi_{D_{-i}} P_{D_{-i}}}\right)^{1-\sigma} \tag{3.4}$$

将（3.3）公式进行简单变形，就可得到一省内部贸易的如下表达式：

$$x_{ii} = \frac{y_i y_i}{y^C}\left(\frac{t_{ii}}{\Pi_i P_i}\right)^{1-\sigma} \tag{3.5}$$

同样的，可以得到省区 i 以外国内其他所有省区作为一个整体时的内部贸易 $x_{D_{-i}D_{-i}}$ 的表达式，将（3.5）公式乘以 $x_{D_{-i}D_{-i}}$ 可得到如下的（3.6）公式：

$$x_{ii}x_{D_{-i}D_{-i}} = \left(\frac{y_i y_{D_{-i}}}{y^C}\right)^2 \left(\frac{t_{ii}t_{D_{-i}D_{-i}}}{\Pi_i P_i \Pi_{D_{-i}} P_{D_{-i}}}\right)^{1-\sigma} \tag{3.6}$$

将（3.4）公式除以（3.6）公式可得如下的（3.7）公式：

$$\frac{t_{iD_{-i}}t_{D_{-i}i}}{t_{ii}t_{D_{-i}D_{-i}}} = \left(\frac{x_{ii}x_{D_{-i}D_{-i}}}{x_{iD_{-i}}x_{D_{-i}i}}\right)^{\frac{1}{\sigma-1}} \tag{3.7}$$

通常情况下，两个省区间的贸易成本是不对称的（ $t_{iD_{-i}} \neq t_{D_{-i}i}$ ），各省区的内部贸易成本也不相等（ $t_{ii} \neq t_{D_{-i}D_{-i}}$ ），因此，可以通过计算双边贸易成本的几何平均值，然后再减去 1，就得了到本节测度省际贸易成本的如下公式：

$$\tau_{iD_{-i}} = \left(\frac{t_{iD_{-i}}t_{D_{-i}i}}{t_{ii}t_{D_{-i}D_{-i}}}\right)^{\frac{1}{2}} - 1 = \left(\frac{x_{ii}x_{D_{-i}D_{-i}}}{x_{iD_{-i}}x_{D_{-i}i}}\right)^{\frac{1}{2(\sigma-1)}} - 1 \tag{3.8}$$

双边贸易成本的几何平均值减去 1 所得到的贸易成本（ $\tau_{iD_{-i}}$ ）是一个关税当量值。$\tau_{iD_{-i}}$ 测度的是省际间贸易成本（ $t_{iD_{-i}}t_{D_{-i}i}$ ）相对于省内贸易成本（ $t_{ii}t_{D_{-i}D_{-i}}$ ）的大小，故不需要假定省内贸易是无摩擦的。从（3.8）公式可知，如果省际间贸易（ $x_{iD_{-i}}x_{D_{-i}i}$ ）相对于省内贸易（ $x_{ii}x_{D_{-i}D_{-i}}$ ）在上升，就表明省际贸易相对于省内贸易变得更容易开展了，这意味着省际贸易成本 $\tau_{iD_{-i}}$ 是下降的，反之亦然。

（3.8）公式即为 Novy（2013）用于研究国家间贸易成本的模型，使用这一模型度量省际贸易成本所需的省际间贸易流量数据来源于相应年份《中国地区投入产出表》，该表所给出某省的省际贸易数据是对其他所有省份的加总值。也就是说，它只提供了某个省区对其他所有省区的省际调出（即某个省区流出到其他所有省区的商品和服务的价值之和）和省外调入（即某个省区从其他所有省区流入的商品和服务的价值之和），而没有具体提供对每个省区的省际调出和省外调入数据。因此，在使用 Novy（2013）模型测度省区 i 的省际贸易成本时，我们将省区 i 以外国内其他所有省区是看成一个整体进行计算的。

3.2.2 数据说明

本节在测算省际贸易成本时所需要的数据来源于相应年份的《中国地区投入产出表》。《中国地区投入产出表》为每 5 年编制一次，研究的样本期为 1999—2018 年。由于 2017 年《中国地区投入产出表》没有提供省际间贸易矩阵的数据，故笔者只能使用 2002 年、2007 年和 2012 年的《中国地区投入产出表》来测度其相应年份的省际贸易成本。2002 年、2012 年的地区投入产出表与 2007 年所提供的数据稍有不同。2002 年、2012 年地区投入产出表分别列出了省际调出（$x_{iD_{-i}}$）、省外调入（$x_{D_{-i}i}$）、出口和进口，而 2007 年地区投入产出表只提供了将省际调出和出口合并后的流出数据，以及将省外调入和进口合并后的流入数据。故为得到 2007 年的省际调出（$x_{iD_{-i}}$）和省外调入（$x_{D_{-i}i}$）数据，笔者使用了 2008 年《中国统计年鉴》中各省区的进出口数据，用各省区的流出、流入分别减去其出口、进口，即可获得该省区的省际调出和省外调入数据。省区 i 的省内贸易（x_{ii}）数据可以用省区 i 的总产出减去省区 i 的省际调出和省区 i 的对外出口得到。省区 i 以外其他所有省区作为一个整体的内部贸易（$x_{D_{-i}D_{-i}}$）数据可以通过以下两种方式获得：一是各省区（不含省区 i）的总产出减去各省区（不含省区 i）对国外的出口，再减去省区 i 的省外调入（即各省区对省区 i 的出口），二是各省区（不含省区 i）的省际调出与各省区（不含省区 i）内部贸易之和，再减去省区 i 的省外调入（即各省区对省区 i 的出口）。

由（3.8）公式可知，度量省际贸易成本时还需要确定替代弹性 σ 的取值。Anderson 和 Wincoop（2004）认为，σ 的取值应在 5～10 之间。Novy（2013）在测度美国与其贸易伙伴的双边贸易成本时将 σ 的值设定为 8，笔者将借鉴 Novy（2013）的做法，替代弹性的取值也为 8。

3.2.3 省际贸易成本测度及其分析

根据前述（3.8）公式和相应年份的数据，笔者测度了相应年份的省际贸易成本及其相对变化，测度结果如表 3.1～表 3.3 所示。

由表 3.1 的第二列、第三列可知，2002—2007 年期间，中国 30 个省区平均的省际贸易成本有所下降（从 2002 年的 60.96% 小幅下降至 2007 年的 57.65%）。2002—2007 年期间，省际贸易成本的下降可以从表 3.2 相对贸易成本的计算结果中得到证实。由表 3.2 可知，2007 年中国 30 个省区平均的省际贸易成本是 2002 年的 97.99%。2002—2007 年期间，中国省际间贸易成本下降表明，这一时期中国国内商品市场是趋于整合的，市场呈现出一体化的趋势。分地区来看，西部地区平均的省际贸易成本是最高的（2002、2007 年分别为 67.03%、63.34%），中部地区次之（2002、2007 年分别为 61.80%、58.04%），东部地区最低（2002、2007 年分别为 54.27%、51.69%）。从三大地区省际贸易成本下降幅度来看，平均而言，中部地区下降幅度最大

（下降的绝对数为3.76%，相对数为2.31%），西部地区次之（下降的绝对数为3.69%，相对数为2.13%），东部地区下降幅度最小（下降的绝对数为2.58%，相对数为1.67%）。在省际贸易成本呈现出下降趋势的条件下，一些省区的省际贸易成本反而有所上升。从表3.1可知，东部地区省际贸易成本上升的省份有北京、浙江、山东和海南；中部地区省际贸易成本上升的省份有江西和湖北；西部地区省际贸易成本上升的省份有重庆和青海。由表3.2可知，这些省区2007年的省际贸易成本相对于2002年的都大于100%，其中，北京为114.98%，浙江为100.07%，山东为102.68%，海南为107.93%，江西为102.84%，湖北为102.42%，重庆为112.56%，青海为114.59%。

从表3.1的第三列、第四列可知，2007—2012年期间，中国30个省区平均的省际贸易成本趋于下降（从2007年的57.65%下降到了2012年的53.49%），省际贸易成本的下降可以从表3.3的相对贸易成本计算结果中得到进一步验证。由表3.3可知，2012年中国30个省区平均的省际贸易成本是2007年的97.60%。2007—2012年期间，中国30个省区省际贸易成本下降表明，这一时期中国国内商品市场整合程度在提高，商品市场是趋于整合的。分地区来看，平均而言，西部地区的省际贸易成本是最高的（2007、2012年分别为63.34%、57.49%），中部地区次之（2007、2012年分别为58.04%、51.71%），东部地区最低（2007、2012年分别为51.69%、50.79%）。从省际贸易成本下降幅度看，平均而言，中部地区下降幅度最大（下降的绝对数为6.33%，相对数为3.68%），西部地区次之（下降的绝对数为5.85%，相对数为3.26%），东部地区下降幅度最小（下降的绝对数为0.90%，相对数为0.50%）。在中国30个省区的省际贸易成本呈下降趋势的情况下，一些省区的省际贸易成本却有所上升。从表3.1可知，东部地区贸易成本上升的省（市）有天津、河北、浙江、福建、山东和广东；中部地区各省区中吉林的省际贸易成本有所上升；西部地区贸易成本上升的省（自治区）有广西、四川、云南和陕西。从表3.3看，这些省区2012年的省际贸易成本相对于2007年的省际贸易成本都高于100%，其中，天津为104.48%、河北为108.50%、浙江为102.92%、福建为110.73%、山东为106.25%、广东为109.15%、吉林为109.68%、广西为102.92%、四川为104.43%、云南为100.58%、陕西为102.07%。

总的来说，2002—2012年期间，中国30个省区间的省际贸易成本呈现出下降的趋势，说明在这一时期，中国国内商品市场是趋于整合的。在各时期中，都存在着某些省区的省际贸易成本与全国的走势完全相反的情况。不管是在哪个时期，西部地区平均的省际贸易成本是最高的，中部地区次之，东部地区最低。东、中、西部地区这种省际贸易成本现状与我国改革开放的格局密切相关，这是因为对外开放在某种程度上会促进对内开放。Wong（2012）的研究就发现，东部沿海省（市）是国内贸易壁垒下降最快的地区，这一地区同时也是对外开放程度最高的地区，开放程度高意味着所面临的国外竞争就更为激烈。这一地区的企业在激烈的市场竞争环境中能不断提高自身的竞争力，从而会弱化这一地区地方政府的保护主义倾向。

表 3.1 中国 30 个省区的省际贸易成本（$\delta=8$）

省区	2002	2007	2012
东部			
北京	45.9%	67.8%	39.7%
天津	48.5%	42.8%	49.2%
河北	43.3%	31.3%	49.7%
辽宁	61.2%	53.5%	51.7%
上海	53.5%	41.2%	31.0%
江苏	56.8%	50.2%	41.3%
浙江	44.8%	44.9%	49.2%
福建	70.9%	59.6%	76.7%
山东	56.8%	61.0%	71.0%
广东	48.5%	36.3%	48.8%
海南	66.8%	80.0%	50.4%
东部平均	54.27%	51.69%	50.79%
中部			
山西	76.9%	71.8%	60.7%
吉林	43.5%	43.4%	57.3%
黑龙江	61.2%	57.0%	46.9%
安徽	43.9%	40.0%	34.6%
江西	66.2%	70.9%	65.2%
河南	65.7%	50.8%	44.2%
湖北	70.0%	74.1%	49.2%
湖南	67.0%	56.3%	55.6%
中部平均	61.80%	58.04%	51.71%
西部			

续表

省区	2002	2007	2012
广西	55.8%	54.6%	59.1%
四川	74.5%	71.0%	78.6%
重庆	45.5%	63.8%	47.8%
贵州	67.0%	59.3%	58.9%
云南	71.2%	57.3%	58.2%
陕西	61.9%	36.2%	39.0%
内蒙古	68.0%	51.7%	42.1%
甘肃	74.2%	64.2%	61.7%
青海	76.3%	102.0%	75.9%
宁夏	75.1%	72.4%	57.1%
新疆	67.8%	64.2%	54.0%
西部平均	67.03%	63.34%	57.49%
总平均	60.96%	57.65%	53.49%

注：此表中的数据由笔者计算得到。

表 3.2　2002—2007 年中国省际贸易成本的相对变化（$\sigma=8$）

省份	$Y_{iD_{-i}}$	$Y_{D_{-i}i}$	Y_{ii}	$Y_{D_{-i}D_{-i}}$	$\frac{Y_{ii}}{Y_{iD_{-i}}}$	$\frac{Y_{D_{-i}D_{-i}}}{Y_{D_{-i}i}}$	$\frac{Y_{ii}Y_{D_{-i}D_{-i}}}{Y_{iD_{-i}}Y_{D_{-i}i}}$	贸易成本相对变化
东部								
北京	2.38	0.25	1.78	2.38	0.75	9.42	7.06	114.98%
天津	2.72	2.89	1.95	2.34	0.72	0.81	0.58	96.18%
河北	3.69	4.25	2.00	2.30	0.54	0.54	0.29	91.61%
辽宁	2.64	3.14	1.77	2.36	0.67	0.75	0.50	95.20%
上海	3.20	4.53	1.93	2.33	0.60	0.51	0.31	91.96%
江苏	2.87	3.31	2.25	2.33	0.78	0.70	0.55	95.82%

续表

省份	$Y_{iD_{-i}}$	$Y_{D_{-i}i}$	Y_{ii}	$Y_{D_{-i}D_{-i}}$	$\frac{Y_{ii}}{Y_{iD_{-i}}}$	$\frac{Y_{D_{-i}D_{-i}}}{Y_{D_{-i}i}}$	$\frac{Y_{ii}Y_{D_{-i}D_{-i}}}{Y_{iD_{-i}}Y_{D_{-i}i}}$	贸易成本相对变化
浙江	2.00	2.59	2.23	2.35	1.11	0.91	1.01	100.07%
福建	3.39	3.39	1.89	2.34	0.56	0.69	0.39	93.41%
山东	2.37	1.94	2.91	2.29	1.23	1.18	1.45	102.68%
广东	3.68	4.39	2.11	2.29	0.57	0.52	0.30	91.74%
海南	1.62	1.24	2.51	2.34	1.54	1.88	2.91	107.93%
东部平均	2.78	2.90	2.12	2.33	0.83	1.63	1.40	98.33%
中部								
山西	2.95	3.04	2.56	2.33	0.87	0.77	0.66	97.11%
吉林	2.01	2.68	2.29	2.34	1.14	0.87	0.99	99.95%
黑龙江	2.28	2.85	1.90	2.35	0.83	0.82	0.69	97.35%
安徽	2.39	3.09	2.16	2.33	0.90	0.75	0.68	97.29%
江西	1.99	2.12	2.68	2.33	1.35	1.10	1.48	102.84%
河南	4.50	4.83	2.52	2.30	0.56	0.48	0.27	90.98%
湖北	1.98	1.86	2.19	2.35	1.11	1.26	1.40	102.42%
湖南	3.24	3.87	2.12	2.33	0.65	0.60	0.39	93.58%
中部平均	2.67	3.04	2.30	2.33	0.93	0.83	0.82	97.69%
西部								
广西	2.58	2.45	2.42	2.34	0.94	0.95	0.89	99.20%
四川	2.60	2.70	2.26	2.34	0.87	0.87	0.75	98.00%
重庆	1.12	1.28	3.19	2.35	2.85	1.84	5.24	112.56%
贵州	2.99	3.40	2.23	2.34	0.75	0.69	0.51	95.33%
云南	3.83	3.69	1.86	2.34	0.48	0.63	0.31	91.91%
陕西	5.94	5.59	1.26	2.33	0.21	0.42	0.09	84.10%
内蒙古	5.36	5.34	2.96	2.32	0.55	0.43	0.24	90.30%

续表

省份	$Y_{iD_{-i}}$	$Y_{D_{-i}i}$	Y_{ii}	$Y_{D_{-i}D_{-i}}$	$\frac{Y_{ii}}{Y_{iD_{-i}}}$	$\frac{Y_{D_{-i}D_{-i}}}{Y_{D_{-i}i}}$	$\frac{Y_{ii}Y_{D_{-i}D_{-i}}}{Y_{iD_{-i}}Y_{D_{-i}i}}$	贸易成本相对变化
甘肃	3.85	2.52	1.81	2.34	0.47	0.93	0.44	94.26%
青海	0.85	1.17	2.84	2.34	3.35	2.01	6.73	114.59%
宁夏	2.79	2.55	2.45	2.34	0.88	0.92	0.81	98.46%
新疆	2.08	2.97	1.95	2.34	0.94	0.79	0.74	97.88%
西部平均	3.09	3.06	2.29	2.34	1.12	0.95	1.52	97.87%
全国平均	2.86	3.00	2.23	2.33	0.96	1.17	1.29	97.99%

注：$Y_{ii}=x_{ii}^{07}/x_{ii}^{02}$，$Y_{iD_{-i}}=x_{iD_{-i}}^{07}/x_{iD_{-i}}^{02}$，$Y_{D_{-i}i}=x_{D_{-i}i}^{07}/x_{D_{-i}i}^{02}$，$Y_{D_{-i}D_{-i}}=x_{D_{-i}D_{-i}}^{07}/x_{D_{-i}D_{-i}}^{02}$，表示2007年某省区的贸易额与2002年该省区对应部分贸易额之比。

表 3.3　2007—2012 年中国省际贸易成本的相对变化（$\sigma=8$）

省份	$Y_{iD_{-i}}$	$Y_{D_{-i}i}$	Y_{ii}	$Y_{D_{-i}D_{-i}}$	$\frac{Y_{ii}}{Y_{iD_{-i}}}$	$\frac{Y_{D_{-i}D_{-i}}}{Y_{D_{-i}i}}$	$\frac{Y_{ii}Y_{D_{-i}D_{-i}}}{Y_{iD_{-i}}Y_{D_{-i}i}}$	贸易成本相对变化
东部								
北京	3.06	19.6	2.05	2.25	0.67	0.11	0.08	83.26%
天津	2.05	2.07	3.45	2.27	1.68	1.10	1.85	104.48%
河北	1.99	1.03	2.75	2.33	1.38	2.27	3.13	108.50%
辽宁	2.52	2.86	2.71	2.26	1.08	0.79	0.85	98.82%
上海	2.93	2.51	1.13	2.30	0.38	0.92	0.35	92.82%
江苏	3.90	3.01	2.21	2.24	0.57	0.75	0.42	94.03%
浙江	1.89	1.59	1.94	2.32	1.02	1.46	1.50	102.92%
福建	1.88	0.74	2.54	2.28	1.35	3.08	4.17	110.73%
山东	1.14	1.97	2.30	2.29	2.01	1.16	2.34	106.25%
广东	1.18	1.26	2.16	2.36	1.83	1.86	3.41	109.15%
海南	6.17	6.69	1.46	2.27	0.24	0.34	0.08	83.52%
东部平均	2.61	3.94	2.25	2.29	1.11	1.26	1.65	99.50%

续表

省份	$Y_{iD_{-i}}$	$Y_{D_{-i}i}$	Y_{ii}	$Y_{D_{-i}D_{-i}}$	$\frac{Y_{ii}}{Y_{iD_{-i}}}$	$\frac{Y_{D_{-i}D_{-i}}}{Y_{D_{-i}i}}$	$\frac{Y_{ii}Y_{D_{-i}D_{-i}}}{Y_{iD_{-i}}Y_{D_{-i}i}}$	贸易成本相对变化
中部								
山西	3.22	3.61	2.02	2.27	0.63	0.63	0.39	93.58%
吉林	1.44	1.40	3.22	2.28	2.24	1.63	3.65	109.68%
黑龙江	2.99	3.25	1.69	2.28	0.57	0.70	0.40	93.60%
安徽	3.39	2.72	2.36	2.26	0.70	0.83	0.58	96.15%
江西	3.42	2.81	2.62	2.27	0.77	0.81	0.62	96.64%
河南	2.66	3.24	2.02	2.27	0.76	0.70	0.53	95.61%
湖北	6.47	5.72	1.88	2.26	0.29	0.40	0.12	85.69%
湖南	2.53	2.51	2.65	2.26	1.05	0.90	0.94	99.58%
中部平均	3.26	3.16	2.31	2.27	0.87	0.82	0.90	96.32%
西部								
广西	1.75	2.23	2.56	2.28	1.47	1.02	1.50	102.92%
四川	1.69	1.92	2.62	2.27	1.55	1.18	1.83	104.43%
重庆	5.08	3.97	2.12	2.26	0.42	0.57	0.24	90.24%
贵州	2.49	2.29	2.44	2.28	0.98	0.99	0.97	99.80%
云南	1.90	2.63	2.39	2.28	1.26	0.86	1.08	100.58%
陕西	2.16	2.42	3.06	2.27	1.42	0.94	1.33	102.07%
内蒙古	3.45	4.30	2.63	2.25	0.76	0.52	0.40	93.66%
甘肃	2.32	2.91	2.40	2.27	1.04	0.78	0.81	98.52%
青海	7.39	3.48	1.63	2.28	0.22	0.66	0.14	87.11%
宁夏	5.06	3.49	2.11	2.27	0.42	0.65	0.27	91.13%
新疆	3.40	3.41	2.06	2.27	0.61	0.67	0.40	93.74%
西部平均	3.33	3.00	2.37	2.27	0.92	0.80	0.82	96.74%
全国平均	3.05	3.39	2.31	2.28	0.98	0.98	1.15	97.60%

注：$Y_{ii} = x_{ii}^{12}/x_{ii}^{07}$，$Y_{iD_{-i}} = x_{iD_{-i}}^{12}/x_{iD_{-i}}^{07}$，$Y_{D_{-i}i} = x_{D_{-i}i}^{12}/x_{D_{-i}i}^{07}$，$Y_{D_{-i}D_{-i}} = x_{D_{-i}D_{-i}}^{12}/x_{D_{-i}D_{-i}}^{07}$，表示2012年某省区的贸易额与2007年该省区对应部分贸易额之比。

3.3 经济周期法

经济周期法是通过计算不同市场之间经济周期同步性来衡量市场整合程度的方法，最初该方法多用在研究国家间市场一体化问题上，近年来也有部分学者用它来研究国内市场整合问题（洪勇，2016）。测度一国内部经济周期同步性的方法主要有相关系数法和C－M同步化指数法。

3.3.1 相关系数法

相关系数法是通过计算一国内部不同地区之间某个经济指标（通常为GDP）的相关系数来衡量地区间的经济周期同步性。该方法存在一个明显的缺陷：即便计算得到了较大的相关系数，也不意味着地区间一定存在较高的经济周期同步性。原因在于，如果地区间具有相同的经济发展趋势，较大的相关系数可能只是地区间共同趋势体现，不一定说明它们之间存在较高的经济周期协同性。为此，笔者使用H－P滤波方法，从原序列中先剔除趋势成分，然后用原序列减去趋势成分就可以获得波动（周期）成分，再对周期成分计算地区间的相关系数，这样得到的相关系数就可以揭示出地区间的经济周期同步性。

3.3.1.1 H－P滤波方法简介

经济指标的月度或季度时间序列（Y_t）一般包含4种要素：长期趋势成分Y^T、周期循环成分Y^C、季节变动成分Y^S和不规则成分

Y^I，即 $Y_t = Y^T + Y^C + Y^S + Y^I$，对年度数据而言，季节成分会以不变的规律在所有年份内重复出现，故分析年度数据时可以不考虑季节成分，此时，经济指标的时间序列可以分解为 $Y = Y^T + Y^C + Y^I$。出于本节的研究目的，需要从原序列中将周期循环成分 Y^C 分离出来，然后再对分离出的周期循环成分进行相关性分析，以度量省区间经济周期的同步化水平。H－P 滤波方法恰好能实现将周期循环成分从原始序列中分离出来的功能。H－P 滤波的基本原理是将宏观经济周期波动看成是对某种单调增长路径的偏离，单调增长路径就是“趋势成分”，对该“趋势成分”的偏离即为所谓的“波动成分”。H－P 滤波可以获得原始序列中的趋势成分与不规则成分叠加而成的合成序列，即 $Y^M = Y^T + Y^I$，再从原序列中剔除合成序列 Y^M，就可以得到周期循环成分 Y^c（Hodrick 和 Prescott，1980）。

3.3.1.2 测度结果

根据上述方法，笔者对中国 30 个省区 1999—2018 年真实 GDP（按 2000 年不变价格计算）进行 H－P 滤波以分离出其周期成分，然后再对 30 个省区真实 GDP 的周期成分两两计算相关系数，30 个省区名义 GDP 数据来源于历年的《中国统计年鉴》，结果如图 3.6 所示。

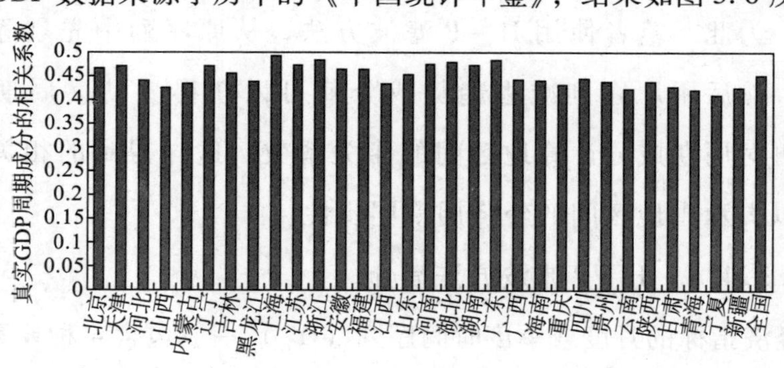

图 3.6 1999—2018 中国 30 个省区的经济周期同步性

由图3.6可知，1999—2018年中国30个省区真实GDP周期成分的相关系数介于0.406~0.490之间，30个省区平均的相关系数约为0.447。对一国国内而言，其相关程度较低，表明中国30个省区间的经济周期同步程度偏低，这意味着中国国内市场整合水平并不高。[①] 分地区看，东部省（市）的相关系数要高于中西部省区，这与之前的分析是一致的。

通过对真实GDP进行H－P滤波以获得其周期成分，然后再计算相关系数可以避免直接计算真实GDP相关系数的弊端，但该方法还是存在缺陷，即它只能反映出一段时期内经济周期同步性的绝对水平，却无法刻画这段时期内经济周期同步性的变化趋势。为此，笔者以2008年国际金融危机作为划分依据，将样本划分为1999—2008年、2009—2018年两个时期，分别计算这两个时期经H－P滤波后真实GDP的相关系数，结果如图3.7、图3.8所示。

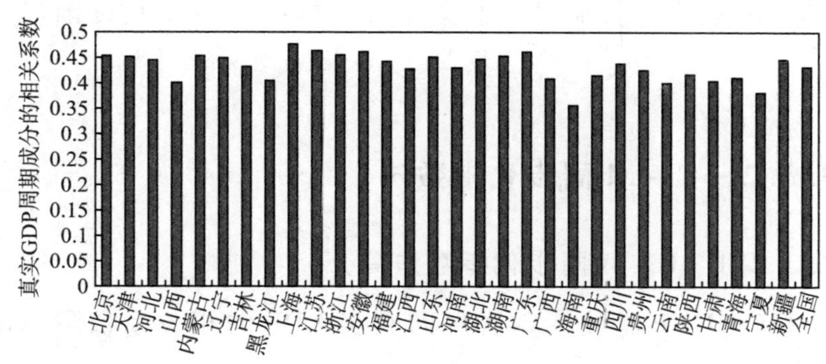

图3.7 1999—2008中国30个省区的经济周期同步性

① 图3.6中某个省区的相关系数是该省区与其余29个省区相关系数的均值；全国的相关系数是在30个省区计算得到相关系数的基础上，再计算其均值得到。

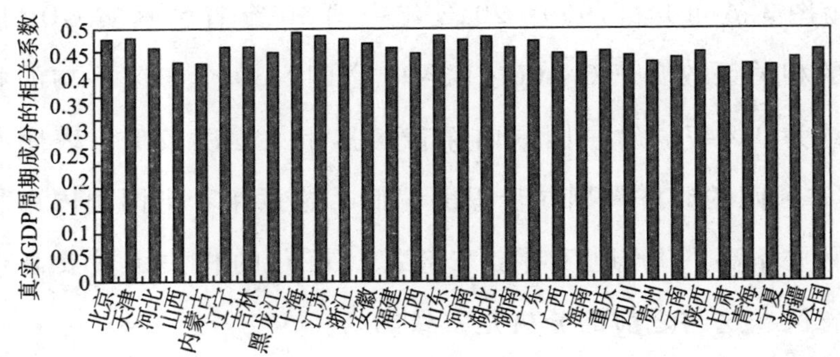

图 3.8　2009—2018 中国 30 个省区的经济周期同步性

由图 3.7、图 3.8 可知，1999—2008 年中国 30 个省区真实 GDP 周期成分的相关系数介于 0.383～0.476 之间，30 个省区平均的相关系数约为 0.433；2009—2018 年中国 30 个省区真实 GDP 周期成分的相关系数介于 0.421～0.493 之间，30 个省区平均的相关系数约为 0.459。从时间趋势上看，2009—2018 年 30 个省区经济周期同步性比 1999—2008 年有所提高，表明 30 个省区间的经济联系有所加强，这意味着中国国内市场是逐渐趋于整合的。

3.3.2　C－M 同步化指数法

3.3.2.1　C－M 同步化指数法简介

计算经 H－P 滤波后的省区间真实 GDP 的相关系数虽然能避免直接计算相关系数的弊端，但该方法依然存在缺陷。它不能反映省区之间在任意单一年份经济活动的相关关系，一般只能用于分析横截面数据。当然，也可以将时间样本人为地划分为若干期以获得面板数据进行研究，但这种人为划分存在以下三个问题：

①时间断点的选择存在很强的主观随意性；②选择的时间断点个数不可能太多，这就无法将时间样本进行很细致的划分，从而无法密切跟踪同步化水平的变化趋势。③会损失较多的样本观测次数。有鉴于此，接下来笔者拟采用 Cerqueira 和 Martins（2009）的同步化指数法（C－M 同步化指数法）对中国国内 30 个省区的经济周期同步性问题展开进一步的分析。

该方法是 Cerqueira 和 Martins 在研究 20 个 OECD 经济体 1970—2002 年经济周期同步性的论文中所提出的，其表达方式如下：

$$\rho_{ijt} = 1 - \frac{1}{2}\left[\frac{(d_{jt} - \overline{d_j})}{\sqrt{\frac{1}{T}\sum_{i=1}^{T}(d_{jt} - \overline{d_j})^2}} - \frac{(d_{it} - \overline{d_i})}{\sqrt{\frac{1}{T}\sum_{j=1}^{T}(d_{it} - \overline{d_i})^2}}\right]^2 \tag{3.9}$$

上式中，ρ_{ijt} 为同步化指数，表示在 t 时期省区 i 和 j 之间经济活动的关联性，d_{it}、d_{jt} 分别表示省区 i 与省区 j 在 t 年真实 GDP 的增长率，其数据通过历年《中国统计年鉴》中 30 个省区名义地区生产总值按 2000 年不变价格换算成实际地区生产总值，然后再计算其增长率得到，$\overline{d_i}$、$\overline{d_j}$ 分别表示省区 i 与 j 在样本期内真实 GDP 增长率的均值。ρ_{ijt} 的取值范围介于（$-\infty$，1）之间，同步程度随取值的增大而变强。使用 C－M 同步化指数来衡量经济周期同步性有如下几个优点：①该指数能密切追踪经济周期同步性的变化，即它可以识别省区间任意单一年份经济活动间的相关关系；②不需要人为地设定时间断点就能使用面板数据展开分析；③不会损失样本观测数。

3.3.2.2 测度结果

1999—2018年中国30个省区间经济周期同步性的计算结果如图3.9所示。从图中可以发现，1999—2018年中国30个省区间的经济周期同步性水平有所上升，表明中国国内市场整合水平有所提高。但在市场整合水平总体呈现上升趋势的背景下，一些年份也出现了短暂的下降走势。特别是2009年，30个省区间经济周期同步性出现了较大幅度的下降，这应该与2008年席卷全球的国际金融危机有一定的关系。2009年中国已加入世界贸易组织多年，与世界各国的经济联系已经很密切了，中国国际市场一体化水平已有了较大的发展，但中国国内不同省区间的市场分割依然还比较严重，所以，在全球金融危机来临时，各省区向国内市场“抱团取暖”的内聚力就不强。相反地，各省区与国际经贸伙伴的经济联系则相对较密切，由于不同省区的国际经贸伙伴各不相同，这就使不同省区国际经贸伙伴在经济周期上的客观差异传递到了国内，中国30个省区间经济周期同步性便呈现出下降态势。

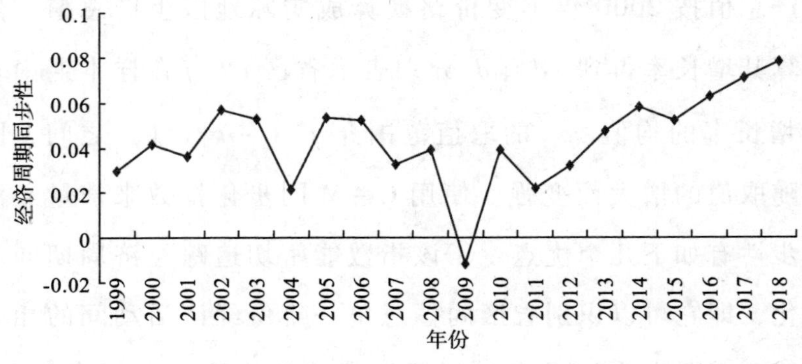

图3.9 1999—2018年中国30个省区的经济周期同步性

3.4　需求—价格法

3.4.1　方法简介

通常一国内部任一商品市场都是由相互分离的很多子市场构成。如果同一商品在不同子市场之间存在价格差异，在无交易成本的假设条件下，市场主体就可以采用低买高卖的方式进行套购，从中牟利。商品套购活动的开展会使同一商品在不同子市场间的价格差异逐渐缩小直至消失，"一价定律"就能完全发挥其作用，该市场就可以被看作是完全整合的。完全的市场整合意味着，商品的跨地区流动不会受到任何阻碍，不同地区的子市场形成了一个完全统一的市场。反之，商品的跨地区流动如果受到阻碍，那么该市场就存在分割现象，不同地区同一商品的价格会存在一定的差异。通常当一国国内市场趋于整合时，如果国内某一地区某种商品的本地需求增加，短期内，该种商品在该地区的本地供给不会出现很大增加，这会导致该种商品在该地区的价格上升。由于该国国内市场是趋于整合的，商品的套购成本比较低，不同地区之间的商品价格差异会引起大量的商品套购行为。这会使该地区该种商品的供给大幅增加，进而导致该地区该种商品价格下降，不同区间的价格差异会逐渐缩小直至最终等于商品套购成本。因此，本地商品价格不会随本地需求的增加而明显上升。反之，假如一国商品市场是趋于分割的，商品套购成本就比较高，这会对商品套购活动形成较大约束，因此，本地需求增加就会使本地商品价格显著上升。由此可见，当一国国内市场整合水平较高时，某地的商品价格与该地区的需求之间就不会有密切的联系；反之，当一国国内市场整合水平较低时，某地商品价格与该地区的需求之间就会存在较密切的联系。因此，某一地区商品价格与本地需求联系的密切程度可以被用来衡量该地的市场整合水平。具体地，本节将通过对下面公式的估计来得到某省区的市场整合水平。

$$P_i = \alpha + \beta D_i + \varepsilon_i \tag{3.10}$$

（3.10）公式中，P_i、D_i 分别表示省区 i 某一商品的价格水平和需求水平，ε_i 为随机干扰项。（3.10）公式中的 β 的大小可以被用来衡量在给定年份省区 i 某一商品市场的整合程度。如果 $\beta = 0$，说明价格 P_i 与需求 D_i 之间不存在联系，意味着该商品市场是完全整合的；如果 $\beta > 0$，表明价格 P_i 在某种程度上依赖于需求 D_i，意味着该商品市场是不完全整合的，存在一定程度上的分割，而且 β 越大，市场整合程度就越低。由于本节所研究的是总体商品市场的整合情况，而不是只研究某一种商品的市场整合。因此，在后续实证分析中使用的价格并不是单一商品的价格，而是使用的市场总体价格水平。另外，由于需求数据无法获得，故后续在分析中使用了与其比较接近的社会消费品零售总额的数据来代替。

由（3.10）公式可知，对于任一年份，省区 i 只存在一次观测数据，故不可能估计得到 β 的值，为此将（3.10）公式改写成如下形式：

$$P_{ij} = \alpha + \beta D_{ij} + \varepsilon_i \qquad (3.11)$$

上式中，P_{ij} 为省区 i 与省区 j（$j=1, 2, 3, \cdots N$; $j \neq i$）之间的价格之差，即 $P_{ij} = P_i - P_j$，D_{ij} 为省区 i 与省区 j（$j=1, 2, 3, \cdots N$; $j \neq i$）之间的需求之差，即 $D_{ij} = D_i - D_j$，（3.11）式可以解决（3.10）公式观测次数不够的问题，在（3.11）公式中，对省区 i 而言，在任一年份其观测次数为 $N-1$，这就能够估计出 β 的值。此外，（3.10）公式中用以衡量市场整合程度的 β 系数，在本质上是省区 i 与其他各省区市场整合程度的均值。因此，采用该省区与其他省区的对比数据进行估计，恰好可以衡量该省区与其他省区平均的市场整合程度。

对中国这样一个幅员辽阔的国家而言，由地理距离客观造成的市场分割是不可避免的，如果不对省区间的地理距离加以控制，会使得用（3.11）公式估计得到的 β 系数值变大，从而高估中国国内市场分割程度。因此，笔者在（3.11）公式右边加上地理距离得到了如下的（3.12）公式，使用（3.12）公式估计 β 系数所衡量的市场整合水平，不会受到距离因素的影响，它只与人为因素有关，故可以称之为“净”市场整合水平。①

$$P_{ij} = \alpha + \beta D_{ij} + \gamma DIST_{ij} + \varepsilon_i \qquad (3.12)$$

笔者将使用（3.12）公式对 1999—2018 年中国 30 个省区的市场整合水平进行测度，以揭示该时期中国国内各省区市场整合进程的状况。由于测度某一省区在某一年份的市场整合水平都需要使用（3.12）公式进行一次回归估计，因此，测度 30 个省区

① 由于地理距离是客观存在且无法改变的，市场整合水平的改善只能从人为因素方面想办法，故本节所测度的“净”市场整合水平更具现实意义。

20 年的市场整合水平就需要进行 600 次回归估计。此外，由于价格和需求存在着双向影响关系，故在使用（3.12）公式进行估计时，需要考虑这种联立性所导致的内生性问题，否则估计得到的系数就是有偏和非一致的，这会使估计结果不可信。为此，笔者在下面实证分析中使用工具变量（需求变量的滞后一期值）来解决内生性问题。此外，本节也使用了滞后两期和三期的需求变量作为工具变量进行估计，其结果并没有产生很大的变化，说明从（3.12）公式估计得到的市场整合水平是稳健和可靠的。[①]

3.4.2 数据说明

3.4.2.1 价格水平

本节使用 1999—2018 年中国 30 个省区的总体价格水平进行实证分析。鉴于各种统计年鉴和数据库一般只公布价格指数数据，因此，想要获得各年价格水平数据就要先知道某一基年的价格水平，然后再结合各年的价格指数，通过计算得到各年的价格水平。因此，笔者借鉴 Brandt 和 Holz（2006）所测算出的中国 30 个省区 1990 年的价格水平，以此为基础，再结合各省区相应年份的商品零售价格指数数据（RPI）计算出所需的价格水平，RPI 数据来源于各省区历年的统计年鉴。

3.4.2.2 需求水平

由于各种统计年鉴和数据库并不报告需求水平数据，因此，只能采用与需求较为接近的支出数据来代替。具体来说，笔者是

---

① 本节后续使用的市场整合水平是基于滞后一期的需求从（3.12）公式估计得到的。

使用社会消费品零售总额（为了剔除各省区经济规模不同的影响，研究中使用的是人均值）数据来代替需求水平，该数据来源于各省区历年的统计年鉴。此外，为了消除社会消费品零售总额中价格因素的影响，后续研究中拟使用RPI将其换算为按2000年不变价格计算的实际人均社会消费品零售总额。

3.4.2.3 省区间距离

本节中采用的地理距离为各省区省会城市之间的球面距离，数据来源于最新版的Google Earth（谷歌地球）。在后续实证分析中，价格水平、实际人均社会消费品零售总额、地理距离均做了自然对数处理。

3.4.3 测度结果

1999—2018年中国30个省区市场整合水平的测度结果如表3.4所示。为了能直观的反映出各省区1999—2018年市场整合进程的情况，笔者也给出了1999—2018年中国30个省区市场整合状况的相应图形，即图3.10～图3.13。其中，图3.10～图3.12依次给出了东、中、西部各省区的市场整合情况，图3.13给出了全国和东、中、西部三大地区平均的市场整合情况。此外，笔者还给出了反映1999—2018年中国30个省区平均的市场整合水平及其变化情况的表3.5。仔细观察这些表格和图形，可以发现1999—2018年期间中国国内市场整合进程具有以下一些特点：

第一，无论是从各省区的市场整合状况（图3.10～图3.12），还是从全国和东、中、西部三大地区平均的市场整合情况（图3.13）看，1999—2018年中国30个省区市场整合水平有明显的提高。分阶段看，1999—2008 年期间，中国国内市场整合程度虽有所提高，但提高的幅度比较有限且存在较大的起伏。在某些年份，很多省区的市场整合水平出现了短暂的下降趋势。2009—2018 年期间，从总体上看，中国 30 个省区市场整合水平都有显著提高。除 2009 年市场整合水平有所下降外（这应该与 2008 年下半年的席卷全球的国际金融危机有一定的关系），在其他年份，30 个省区的市场整合水平基本都呈现出逐年上升的趋势，表明这一时期，中国国内市场整合进程处于平稳、有效、持续地推进过程中。

第二，从图 3.13 来看，东、中、西部省区间市场整合水平存在一定差异。具体来说，东部和中部地区市场整合水平相对较高，西部地区市场整合水平相对较低。东部地区市场化改革的步伐要快于中西部地区，经济发展水平和技术水平也高于中西部地区。同时，其在土地、劳动力等生产要素成本上的优势会先于中西部地区逐渐丧失，想要保持经济持续、健康、稳定的增长，规模经济效应在经济发展过程中所扮演的角色就越来越重要。它将成为未来经济发展的不竭动力。而规模经济作用的发挥需要营造一个统一的全国大市场作基础，因此，经济越发达的地区，就越希望并有动力提高其市场整合水平以充分享受规模经济效应的好处。中部地区市场整合程度较高的原因是因为中部各省区一般是作为东、西部省区间经贸往来的“桥梁”，起到了媒介的作用，这会使中部省区与其他省区的经贸往来就更为密切，因此，中部地区总体的市场整合水平就较高。西部省区与中、东部省区相比既无法起到“桥梁”的作用，在经济发展水平、市场改革进程、技术水平上也处于劣势地位，因此，其市场整合水平不高就不足为奇了。

第三，仔细观察图3.10～图3.13就能发现，虽然中国30个省区间的市场整合程度有所不同，但各省区市场整合进程在1999—2018年期间的同步程度却较高。30个省区市场整合进程较为同步的状况可以使用在国际贸易中比较常见的“以邻为壑”和“以牙还牙”政策进行解释。当某个省区想促进本地经济发展而采取地方保护政策分割市场时，会牺牲其他省区的经济利益，故其他省区为了保护自身的利益就会进行反击，这样所有省区的市场整合水平都会下降。而当国内市场分割严重到一定程度时就会引起中央政府的关注，中央政府会采取各种政策措施敦促各地方政府终止或废除那些反市场化的保护措施。在中央政府统一政策的指引下，各省区地方政府就会程度不同的取消一些保护措施，故所有省区的市场整合程度就会上升。

第四，1999—2018年中国30个省区平均的市场整合水平及其变化情况由表3.5所示。表中第2、3列分别给出了30个省区在1999—2018年平均的市场整合水平及其相应的排名情况。在市场整合水平排名前十位的省区中，东部地区占有6席，中部地区占有4席，西部地区则没有任何一个省区进入前十位，这与图3.13所反映出来的东、中部地区市场整合水平相对较高、西部地区市场整合水平相对较低的情况是相符的。第4、5列分别给出了1999—2018年市场整合水平的变化及其相应的排名情况，从三大地区市场整合水平的改善程度看，西部地区市场整合水平的改善程度是最高的（平均为0.1032），东部次之（平均为0.1004），中部最低（平均为0.0931）；从各省区市场整合水平变化的排名看，前十名中有5个省区来自于东部地区，来自于西部地区的省区有4个，而来自于中部地区的省区只有1个。这表明1999—2018年期间，东、西部省区的市场整合水平相对于中部地区有了更大的改善。

表3.4 1999—2018年中国30个省区市场整合水平

省区	1999	2000	2001	2002	2003	2004	2005	2006	2007	2008
北京	0.1838	0.2017	0.1941	0.1787	0.1626	0.1581	0.1683	0.1696	0.1862	0.1682
天津	0.2014	0.2146	0.2106	0.1917	0.1941	0.1798	0.1958	0.2100	0.2188	0.1906
河北	0.1841	0.2066	0.1841	0.1706	0.1630	0.1627	0.1785	0.1870	0.1999	0.1765
辽宁	0.2058	0.2330	0.2241	0.2016	0.2100	0.2062	0.2113	0.2132	0.2105	0.1938
上海	0.1903	0.2202	0.1972	0.1815	0.1645	0.1705	0.1717	0.1810	0.1955	0.1805
江苏	0.1906	0.2161	0.2074	0.1868	0.1905	0.1875	0.2007	0.2107	0.2087	0.1815
浙江	0.1982	0.2251	0.2101	0.1846	0.1883	0.1879	0.1995	0.2097	0.1996	0.1855
福建	0.1837	0.2022	0.1831	0.1637	0.1518	0.1549	0.1667	0.1757	0.1821	0.1717
山东	0.1900	0.2098	0.2041	0.1910	0.1929	0.1928	0.2052	0.2058	0.1997	0.1804
广东	0.1826	0.1917	0.1792	0.1575	0.1518	0.1511	0.1611	0.1759	0.1859	0.1722
海南	0.1899	0.1980	0.1860	0.1720	0.1647	0.1613	0.1829	0.1803	0.1966	0.1805
东部平均	0.1909	0.2108	0.1982	0.1800	0.1758	0.1739	0.1856	0.1926	0.1985	0.1801
山西	0.2083	0.2158	0.1929	0.1643	0.1643	0.1592	0.1767	0.1791	0.2035	0.1904
吉林	0.2017	0.2228	0.2143	0.1909	0.1936	0.1945	0.1952	0.2017	0.1917	0.1923
黑龙江	0.1946	0.2155	0.2148	0.1902	0.1977	0.1888	0.1989	0.2068	0.1991	0.1825
安徽	0.1875	0.2099	0.1982	0.1828	0.1816	0.1828	0.1878	0.1889	0.1899	0.1716
江西	0.1895	0.1933	0.1880	0.1692	0.1565	0.1610	0.1722	0.1765	0.1926	0.1801
河南	0.1887	0.1954	0.1750	0.1523	0.1538	0.1594	0.1658	0.1790	0.1823	0.1718
湖北	0.1877	0.1973	0.1820	0.1661	0.1570	0.1607	0.1653	0.1718	0.1825	0.1724

续表

省区	1999	2000	2001	2002	2003	2004	2005	2006	2007	2008
湖南	0. 1905	0. 2082	0. 1927	0. 1609	0. 1626	0. 1560	0. 1692	0. 1756	0. 1875	0. 1768
中部平均	0. 1936	0. 2073	0. 1947	0. 1721	0. 1709	0. 1703	0. 1789	0. 1849	0. 1911	0. 1797
内蒙古	0. 2082	0. 2279	0. 2189	0. 1947	0. 1876	0. 1842	0. 1979	0. 2105	0. 2052	0. 1956
广西	0. 2133	0. 2218	0. 2068	0. 1934	0. 1844	0. 1835	0. 1960	0. 1989	0. 2151	0. 2015
重庆	0. 2228	0. 2183	0. 2191	0. 2151	0. 2102	0. 1934	0. 2063	0. 2116	0. 2285	0. 2113
四川	0. 2297	0. 2390	0. 2375	0. 2256	0. 2273	0. 1995	0. 2040	0. 2126	0. 2103	0. 2046
贵州	0. 2157	0. 2356	0. 2228	0. 2102	0. 2128	0. 2000	0. 2139	0. 2142	0. 2212	0. 2010
云南	0. 2226	0. 2377	0. 2358	0. 2240	0. 2276	0. 2100	0. 2294	0. 2341	0. 2243	0. 2106
陕西	0. 2095	0. 2174	0. 2106	0. 1844	0. 1900	0. 1823	0. 1932	0. 2028	0. 2146	0. 2007
甘肃	0. 2161	0. 2290	0. 2063	0. 1915	0. 1988	0. 2006	0. 1994	0. 2168	0. 2175	0. 2030
青海	0. 2228	0. 2280	0. 2179	0. 1964	0. 2027	0. 2040	0. 2015	0. 2212	0. 2185	0. 2110
宁夏	0. 2021	0. 2110	0. 1965	0. 1809	0. 1705	0. 1774	0. 1838	0. 1947	0. 2046	0. 1912
新疆	0. 1995	0. 2079	0. 1969	0. 1796	0. 1828	0. 1809	0. 1915	0. 2089	0. 2032	0. 1856
西部平均	0. 2148	0. 2249	0. 2154	0. 1996	0. 1995	0. 1923	0. 2015	0. 2115	0. 2148	0. 2015
全国平均	0. 2004	0. 2150	0. 2036	0. 1851	0. 1832	0. 1797	0. 1897	0. 1975	0. 2025	0. 1878
省区	2009	2010	2011	2012	2013	2014	2015	2016	2017	2018
北京	0. 1652	0. 1501	0. 1397	0. 1317	0. 129	0. 1156	0. 1019	0. 0905	0. 0871	0. 0743
天津	0. 1999	0. 1809	0. 1687	0. 16	0. 1575	0. 1438	0. 131	0. 1187	0. 1147	0. 1025
河北	0. 1745	0. 1689	0. 1553	0. 1476	0. 1438	0. 1291	0. 1143	0. 1025	0. 0978	0. 0905
辽宁	0. 199	0. 2007	0. 1883	0. 179	0. 1758	0. 1614	0. 152	0. 1377	0. 133	0. 1232
上海	0. 1819	0. 1618	0. 1454	0. 1364	0. 1316	0. 1152	0. 0989	0. 0893	0. 0817	0. 0746
江苏	0. 1853	0. 1854	0. 1701	0. 161	0. 1567	0. 1431	0. 1303	0. 1124	0. 1073	0. 0907
浙江	0. 1979	0. 1865	0. 1689	0. 1582	0. 1529	0. 1377	0. 1244	0. 1174	0. 1114	0. 1032
福建	0. 1764	0. 1578	0. 1409	0. 1302	0. 1239	0. 1074	0. 0938	0. 0872	0. 0813	0. 0768

续表

省区	2009	2010	2011	2012	2013	2014	2015	2016	2017	2018
山东	0. 1839	0. 185	0. 1714	0. 1633	0. 1611	0. 1486	0. 1363	0. 1258	0. 1228	0. 1125
广东	0. 1728	0. 1601	0. 1443	0. 1369	0. 1304	0. 1135	0. 0969	0. 085	0. 0783	0. 0678
海南	0. 1813	0. 1653	0. 1487	0. 1442	0. 1392	0. 1231	0. 1076	0. 0938	0. 0873	0. 0802
东部平均	0. 1835	0. 1730	0. 1583	0. 1499	0. 1456	0. 1308	0. 1170	0. 1055	0. 1002	0. 0906
山西	0. 185	0. 1698	0. 1557	0. 1586	0. 1546	0. 1394	0. 1258	0. 1158	0. 1108	0. 1084
吉林	0. 2111	0. 193	0. 1801	0. 1815	0. 1768	0. 1609	0. 1501	0. 1365	0. 1315	0. 1212
黑龙江	0. 1949	0. 1879	0. 1744	0. 1757	0. 1717	0. 1569	0. 1461	0. 1327	0. 1275	0. 1194
安徽	0. 1872	0. 1786	0. 1632	0. 1642	0. 158	0. 1438	0. 1303	0. 1225	0. 1163	0. 1109
江西	0. 1807	0. 1633	0. 1474	0. 1481	0. 1416	0. 1251	0. 1104	0. 1018	0. 0956	0. 092
河南	0. 168	0. 1523	0. 1392	0. 1422	0. 1371	0. 1223	0. 1083	0. 0982	0. 0934	0. 0865
湖北	0. 1683	0. 1525	0. 1384	0. 1405	0. 1342	0. 1181	0. 1031	0. 0934	0. 0872	0. 0839
湖南	0. 1736	0. 1586	0. 1446	0. 1463	0. 1405	0. 1242	0. 1084	0. 0973	0. 0907	0. 0814
中部平均	0. 1836	0. 1695	0. 1554	0. 1571	0. 1518	0. 1363	0. 1228	0. 1123	0. 1066	0. 1005
内蒙古	0. 211	0. 1957	0. 1816	0. 1743	0. 1696	0. 1542	0. 1391	0. 1274	0. 1217	0. 1177
广西	0. 2009	0. 1826	0. 1668	0. 1622	0. 1586	0. 1429	0. 1276	0. 1113	0. 1043	0. 0987
重庆	0. 2224	0. 2053	0. 1917	0. 183	0. 1796	0. 1611	0. 1436	0. 1281	0. 1218	0. 1197
四川	0. 2064	0. 186	0. 1688	0. 157	0. 1542	0. 1368	0. 1207	0. 1055	0. 0941	0. 0909
贵州	0. 2109	0. 2015	0. 1873	0. 1792	0. 1776	0. 1608	0. 1436	0. 1245	0. 1139	0. 1065
云南	0. 2164	0. 2167	0. 2027	0. 1967	0. 1963	0. 1809	0. 1633	0. 1446	0. 1344	0. 12
陕西	0. 2028	0. 1892	0. 1732	0. 1649	0. 1578	0. 1391	0. 1234	0. 1129	0. 104	0. 1015
甘肃	0. 2119	0. 1985	0. 1801	0. 169	0. 1627	0. 1466	0. 137	0. 1314	0. 1265	0. 1222
青海	0. 2175	0. 1991	0. 1802	0. 1691	0. 1627	0. 1461	0. 1364	0. 131	0. 1263	0. 1221
宁夏	0. 198	0. 1827	0. 1647	0. 1555	0. 1488	0. 1311	0. 118	0. 1105	0. 1042	0. 1039
新疆	0. 197	0. 1998	0. 1813	0. 1691	0. 1626	0. 1456	0. 1359	0. 1319	0. 1268	0. 1239

续表

省区	2009	2010	2011	2012	2013	2014	2015	2016	2017	2018
西部平均	0. 2087	0. 1961	0. 1799	0. 1709	0. 1664	0. 1496	0. 1353	0. 1236	0. 1162	0. 1116
全国平均	0. 1927	0. 1805	0. 1654	0. 1595	0. 1549	0. 1391	0. 1253	0. 1139	0. 1078	0. 1009

注：1. 此表中 30 个省区 20 年的市场整合水平的数据是通过对（3. 12）公式进行 600 次估计得到的。2. 根据（3. 12）公式进行的 600 次回归估计得到的 β 系数都在 5% 甚至 1% 的水平上是显著的。

表 3. 5　1999—2018 年中国 30 个省区市场整合水平及其变化

省区	20 年平均的整合水平	排名	20 年整合水平的变化	排名
北京	0. 1478	3	0. 1095	6
天津	0. 1743	19	0. 0989	18
河北	0. 1569	10	0. 0936	23
辽宁	0. 188	28	0. 0826	25
上海	0. 1535	7	0. 1157	2
江苏	0. 1711	14	0. 0999	16
浙江	0. 1724	15	0. 0950	21
福建	0. 1456	2	0. 1069	10
山东	0. 1741	18	0. 0775	27
广东	0. 1448	1	0. 1148	3
海南	0. 1541	8	0. 1097	5
东部平均	0. 1620	—	0. 1004	—
山西	0. 171	13	0. 0999	17
吉林	0. 1821	24	0. 0805	26
黑龙江	0. 1788	21	0. 0752	30
安徽	0. 1678	12	0. 0766	28
江西	0. 1542	9	0. 0975	20
河南	0. 1486	5	0. 1022	14
湖北	0. 1481	4	0. 1038	11

续表

省区	20 年平均的整合水平	排名	20 年整合水平的变化	排名
湖南	0.1523	6	0.1091	8
中部平均	0.1629	—	0.0931	—
内蒙古	0.1812	23	0.0905	24
广西	0.1735	16	0.1146	4
重庆	0.1896	29	0.1031	12
四川	0.1805	22	0.1388	1
贵州	0.1877	27	0.1092	7
云南	0.2014	30	0.1026	13
陕西	0.1737	17	0.108	9
甘肃	0.1832	25	0.0939	22
青海	0.1857	26	0.1007	15
宁夏	0.1665	11	0.0982	19
新疆	0.1755	20	0.0756	29
西部平均	0.1817	—	0.1032	—
全国平均	0.1695	—	0.0995	—

注：各省区 20 年市场整合水平的变化为其 1999 年与 2018 年市场整合水平的差值。

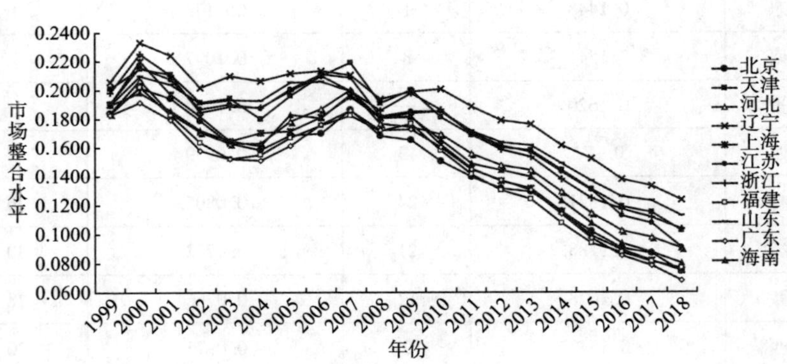

图 3.10　1999—2018 年东部各省（市）市场整合水平

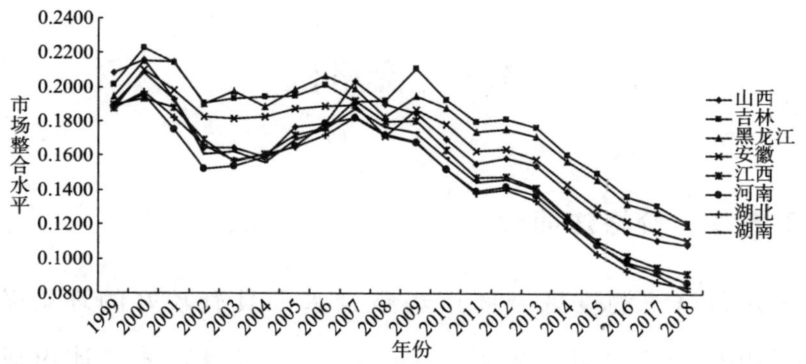

图 3.11 1999—2018 年中部各省市场整合水平

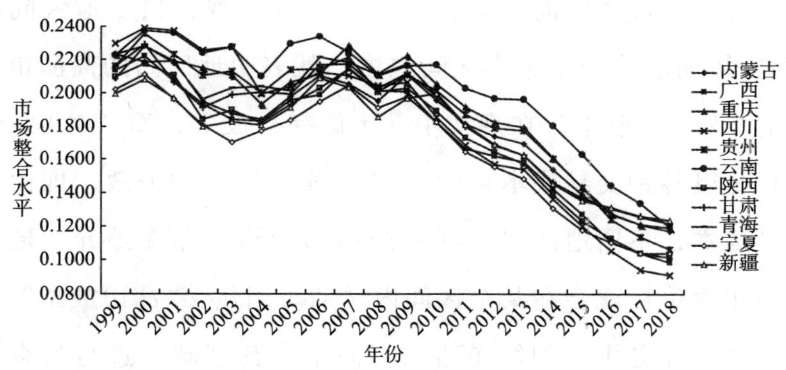

图 3.12 1999—2018 年西部各省区市场整合水平

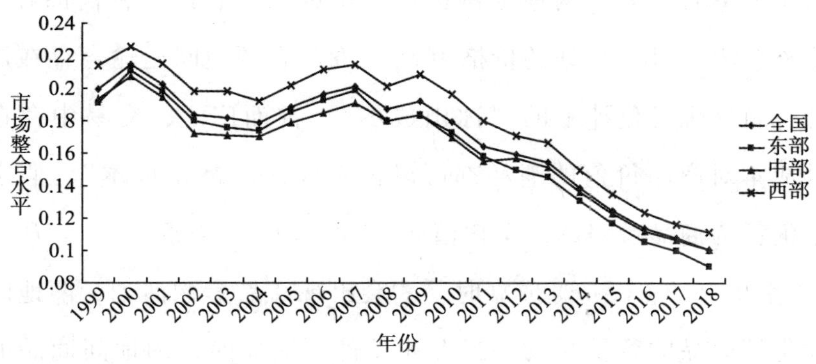

图 3.13 1999—2018 年全国及三大地区市场整合水平

3.5 价格法

3.5.1 价格法简介

采用价格法测度区域间市场整合水平具有较好的理论基础，其理论基础为经过萨缪尔森（Samuelson，1954）的“冰山成本”模型修正的“一价定律”。“冰山成本”模型表明地区间的价格既可以同时上升或者同时下降，也可以一升一降，只要地区间相对价格 P_i/P_j 的取值介于某个区间之内，就表明地区间的商品市场是整合的。“一价定律”在现实中并不能完全成立，而“冰山成本”模型正是以各种交易成本来说明“一价定律”的失效，即由于存在交易成本，不同地区之间同一产品的价格会存在差异，地区间产品的相对价格就会在某个区间内波动。当然，“冰山成本”模型不是对“一价定律”的简单否定，而是在其基础上进行的合理修正。为了表明“冰山成本”模型是对“一价定律”的修正而不是简单否定，笔者以 i、j 两地为例进行简单说明。假设某种商品在 i 地的价格为 P_i，其在 j 地的价格为 P_j，商品在两地间运输会存在成本消耗，就好像融化掉了的“冰山成本”。推而广之，交易中存在的各种成本对商品价值的消耗都可以被看成是“冰山成本”，假定该成本消耗为商品价格的一个比值 c（$0<c<1$），当条件 $P_i < P_j(1-c)$ 或者 $P_j < P_i(1-c)$ 成立时，才会出现商品套购活动，两地间就会发生该商品的贸易活动。当上述条件不成立时，两地间商品的相对价格 P_i/P_j 就落在无套利区间 $[1-c, 1/(1-c)]$ 之内，故即使两

地间商品市场是整合的，不存在商品套购的阻碍，该商品的贸易活动也不会在两地间开展，相对价格 P_i/P_j 也可能不等于 1，而是落在一定的区间之内。这说明即使两地的商品价格不完全相等，两地间的市场也有可能是整合的。

已有文献使用价格法测度一国国内商品市场整合程度时通常采用以下有两种方法：第一种方法是对相对价格 P_{it}/P_{jt} 时间序列进行各种单位根检验以检验其平稳性，如果无法拒绝原假设，即对模型 $P_{it}/P_{jt} = \beta P_{i,t-1}/P_{j,t-1} + \varepsilon_t$ 而言，$\beta = 1$ 成立，说明相对价格 P_{it}/P_{jt} 是一个单位根随机过程，即时间序列 P_{it}/P_{jt} 是不平稳的，不平稳时间序列 P_{it}/P_{jt} 的方差随着时间的推移会不断变大，每一次外部的随机冲击都会对相对价格 P_{it}/P_{jt} 产生永久性的影响，使其不能回到无套利区间 $[1-c, 1/(1-c)]$。因此，相对价格 P_{it}/P_{jt} 如果不平稳就表明两地间的市场是分割的。反之，如果拒绝原假设，则说明相对价格 P_{it}/P_{jt} 是平稳随机过程，其方差是一个常数，不会随着时间推移而发生变化，外部冲击仅在有限的时间内对相对价格 P_{it}/P_{jt} 产生影响，而不会造成永久性的影响。因此，就算受到了外部冲击，经过一段时间后 P_{it}/P_{jt} 还是能回到无套利区间，意味着两地市场是整合的。此外，还可以计算半衰期来估计相对价格 P_{it}/P_{jt} 回到无套利区间所需的时间。① 半衰期是指外部冲击的影响降到一半时所需的时间。半衰期越短，则相对价格 P_{it}/P_{jt} 回到无套利区间所需的时间就越短。检验相对价格的平稳性虽然能对一段时间内市场的整合或分割状况作出判断，但无法反映出市

① 半衰期是通过计算式子 $-\ln 2/\ln \beta$ 得到的。

场在整合或分割过程中的动态特征，因此，需要采用其他方法来研究市场整合随时间的演变情况。

第二种方法是通过研究相对价格方差 $Var(P_i/P_j)$ 的变化来反映市场整合的演变情况（Parsley 和 Wei，2001），它能弥补第一种方法的缺陷。该方法的思想是：如果商品相对价格方差 $Var(P_i/P_j)$ 随时间推移过程中在变小，就意味着相对价格的波动幅度在收窄，“冰山成本” c 是下降的，两地间的市场整合水平在提高，因此，可用相对价格方差及其变化来作为商品市场整合及其演变的衡量指标。

比较上述两种方法，笔者认为相对价格方差 $Var(P_i/P_j)$ 及其变化能够反映相对价格变化过程中的动态特征，可以反映出市场整合的动态演进过程。此外，Parsley 和 Wei 的方法能够综合多种商品的价格信息，故可以较全面衡量市场的整合状况。所以，本节基于价格法测度我国市场整合水平时采用了 Parsley 和 Wei 的方法，但与某些文献将市场整合的研究对象仅局限在邻近省区间不同（桂琦寒等，2006；陈敏等，2007；陆铭和陈钊，2009），笔者将研究对象扩展为中国 30 个省区所有的两两省区之间。

3.5.2 数据说明及处理

本节基于价格法测度 1999—2018 年中国国内市场整合水平时使用的数据是中国分地区全社会零售价格分类指数数据。考虑到数据统计口径一致性和连续性，本文选取 11 类商品进行分析，它们分别是：食品类、饮料烟酒类、服装鞋帽类、纺织品类、家用电器及音像器材类、日用品类、化妆品类、金银珠宝类、中西药品及医疗保健用品类、书报杂志及电子出版物类、燃料类。

借鉴 Parsley 和 Wei 的方法，计算相对价格方差 $Var(P_i/P_j)$ 的步骤如下：对于任一年份，先计算所有两两省区间 11 类商品的相对价格 P_{it}/P_{jt}，便可得到 435 个相对价格序列（每个相对价格序列中都含有全部类别商品的 11 个相对价格），然后对所得的每个相对价格序列计算其方差，便可得到该年份 435 个两两省区间的相对价格方差，对 20 年的时间样本逐年进行计算就能得到 8700 个相对价格方差。笔者在计算相对价格方差时对相对价格序列先进行了自然对数和绝对值处理，即先对相对价格序列取自然对数，然后对其取绝对值，最后再对相对价格对数的绝对值计算其方差 $Var(|\ln(P_i/P_j)|)$。对相对价格取自然对数可以在某种程度上缓解偏态性和异方差问题（Wooldridge，2003）。取绝对值的好处在于如果相对价格取对数后两地价格分子分母位置对调会改变对数值的符号，即 $\ln(P_i/P_j) = -\ln(P_j/P_i)$，这意味着两地价格放置位置的不同就会改变相对价格方差的大小，而取绝对值后就不会存在这个问题。

由于相对价格方差 $Var(|\ln(P_i/P_j)|)$ 中因商品异质性所产生的不可加效应会影响其计算的准确性（桂琦寒等，2006），故需要消除商品的异质性使其具有可加性。某种商品价格的变动一般来源于两个部分：一部分仅与商品自身的特性有关，另一部分与所在地区市场环境有关。研究中国国内商品市场整合进程，需要的是商品价格波动中与市场环境相关的那一部分，这就需要剔除价格波动中与其自身特性有关的部分，否则，就可能高估所计算的方差，进而低估商品市场整合程度。因此，笔者拟进行如下处

理：假设 $|\ln(P_i/P_j)|$ 由 α_t^k 和 μ_{ijt}^k 两部分构成，上标 k 表示商品种类（$k=1, 2, \cdots 11$），α_t^k 是仅与商品种类相关的部分，μ_{ijt}^k 是与 i、j 两地市场环境相关的部分。要消除 α_t^k，可以对给定年份某商品种类的 $|\ln(P_i/P_j)|$ 在所有 435 个省区对（province pair）之间求其均值 $\overline{|\ln(P_i/P_j)|}$，然后再用该种商品 435 个 $|\ln(P_i/P_j)|$ 都减去其均值，即 $|\ln(P_i/P_j)| - \overline{|\ln(P_i/P_j)|} = \mu_{ijt}^k$①。最终，笔者是用 μ_{ijt}^k 来计算方差 $Var(\mu_{ijt}^k)$，用以衡量国内商品市场整合及其演进状况。

3.5.3 测度结果及分析

3.5.3.1 全国及三大地区市场整合情况

根据前述价格法的步骤，笔者计算了 1999—2018 年全国及东、中、西部地区按年平均的相对价格方差 $Var(\mu_{ijt}^k)$，计算结果如图 3.14 所示。由图可知，1999—2018 年期间，中国 30 个省区相对价格方差有了明显的下降，表明该时期中国国内市场整合程度出现了明显的改善，市场化改革成效显著。以 2008 年为时间节点将 1999—2018 年划分为两个子时期来看，1999—2008 年期间，中国 30 个省区相对价格方差虽然呈现出了下降的趋势，但在某些年份也出现了短暂的上升势头，说明该时期市场在趋于整合过程中存在一定的反复。2009—2018 年期间，中国 30 个省区相对价格方差基本呈现出逐渐下降的走势，且下降的幅度明显比 1999—

① 因为有 11 类商品，每类商品都需要对所有省区对计算其相对价格对数绝对值的均值，故对每一年而言都需计算 11 次均值。

2008年期间要高，说明该时期市场整合进程的发展较为顺利。在图3.14中，笔者也分别给出了东、中、西部三大地区1999—2018年按年平均的相对价格方差情况，三大地区相对价格方差的变化与全国比较相似，且与全国的走势比较同步。这表明东、中、西部地区的市场整合情况与全国的总体情况基本一致。

3.5.3.2　各省区市场整合情况

上一小节中，笔者对全国及东、中、西部三大地区市场的整合情况进行了分析。在本小节，笔者拟对每个省区的商品市场整合情况展开分析。为了得到30省区在每一年的相对价格方差，需要对每一年的435个相对价格方差按省区进行归集，计算出每个省区与其余所有省区相对价格方差的均值，便可获取30个省区相对价格方差在样本期中每一年的均值，这样就可以对每一个省区在1999—2018年的市场整合情况进行分析。30个省区在1999—2018年的相对价格方差走势情况如图3.15～图3.17所示。

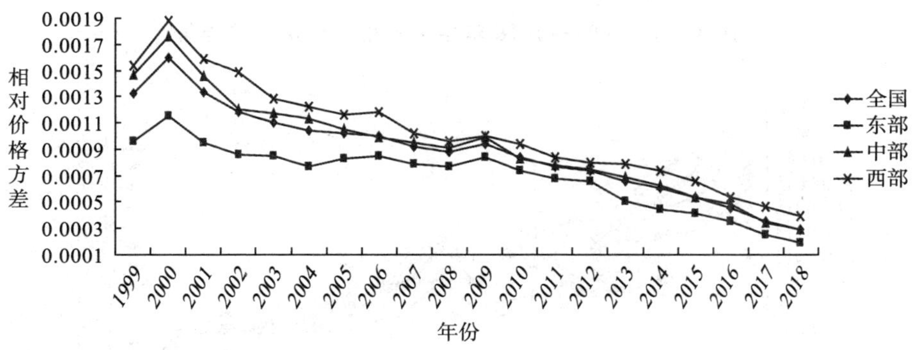

图3.14　1999—2018年中国及东、中、西部地区相对价格方差走势

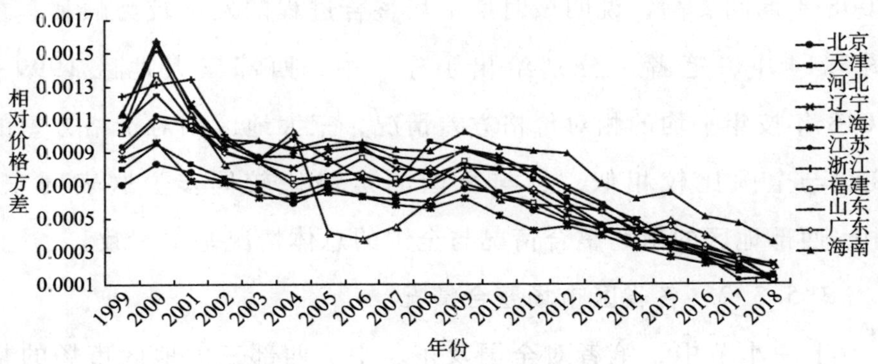

图 3.15　1999—2018 年东部省（市）相对价格方差走势

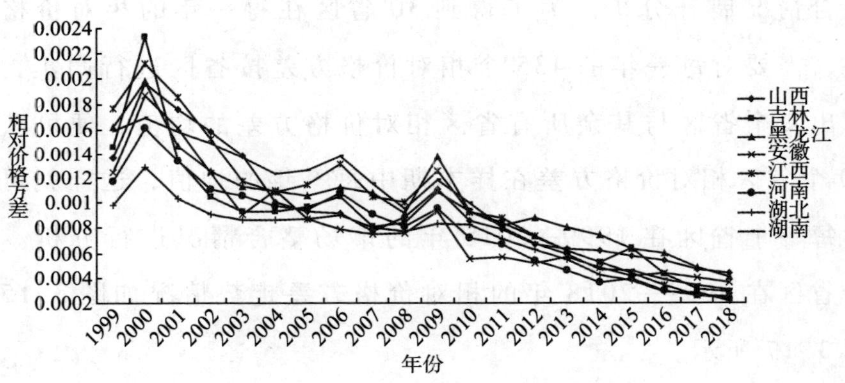

图 3.16　1999—2018 年中部省相对价格方差走势

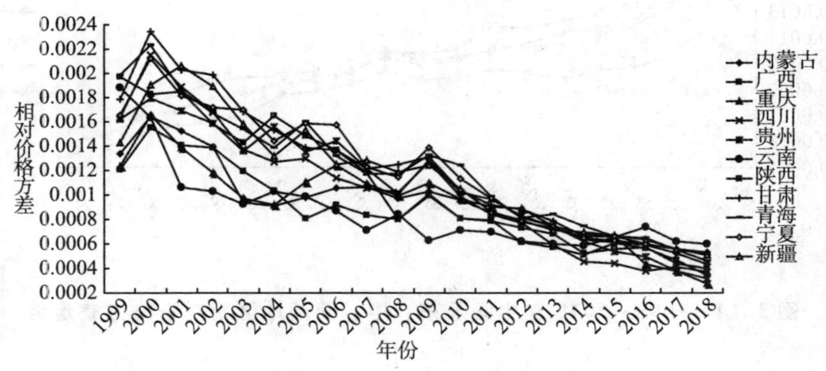

图 3.17　1999—2018 年西部省区相对价格方差走势

由图 3.15 ~ 图 3.17 可知，30 个省区相对价格方差在 1999—2018 年期间都有比较明显的下降，除了少数几个省区外，绝大部分省区在样本期间的走势与全国的走势基本一致。几乎所有省区的市场整合进程在 1999—2008 年期间都存在较大的起伏，这一时期市场整合的改善程度也不算太大；而在 2009—2018 年期间，30 个省区的市场整合基本都呈现出逐年下降的趋势，且改善的程度明显高于前一个时期。对不同地区的省区而言，其市场整合水平存在明显的差异。在任何一个年份，东部省（市）的市场整合水平几乎都高于中西部省区（海南省是个例外，其在一些年份的市场整合水平要低于某些中西部的省区，这可能与其地理位置有一定的关系）。东部省（市）较高的市场整合水平应该与其较高的经济发展水平和较快的市场化改革步伐有关。虽然中西部省区的市场整合水平相对较低，但在 1999—2018 年期间，中西部省区市场整合水平的改善程度基本都比东部省（市）要高。且随着时间的推移，中西部省区市场整合水平在逐渐接近东部省（市），这与中西部省区不断借鉴东部省（市）市场化改革的先进经验和充分发挥其后发优势是密不可分的。

3.5.3.3　省区对市场整合情况

为了研究各省区对（省区—省区）在 1999—2018 年期间的市场整合情况，笔者计算了 1999—2018 年期间 435 个省区对相对价格方差按年份平均的均值，这有助于我们搞清楚不同省区对市场整合的详细情况。计算结果见表 3.6。

表 3.6 1999—2018 年 435 个省区对相对价格方差的均值

省区对	方差均值	省区对	方差均值	省区对	方差均值	省区对	方差均值
北京—天津	0.000205	北京—河北	0.000356	北京—山西	0.001007	北京—内蒙古	0.000998
北京—辽宁	0.000778	北京—吉林	0.000822	北京—黑龙江	0.000676	北京—上海	0.000522
北京—江苏	0.000697	北京—浙江	0.000771	北京—安徽	0.000968	北京—福建	0.000853
北京—江西	0.001004	北京—山东	0.000946	北京—河南	0.000839	北京—湖北	0.000817
北京—湖南	0.000906	北京—广东	0.000757	北京—广西	0.001028	北京—海南	0.000903
北京—重庆	0.000988	北京—四川	0.001019	北京—贵州	0.000880	北京—云南	0.000898
北京—陕西	0.000811	北京—甘肃	0.001082	北京—青海	0.001055	北京—宁夏	0.001123
北京—新疆	0.001126	天津—河北	0.000483	天津—山西	0.001060	天津—内蒙古	0.000946
天津—辽宁	0.000892	天津—吉林	0.001028	天津—黑龙江	0.000889	天津—上海	0.000533
天津—江苏	0.000354	天津—浙江	0.000482	天津—安徽	0.000355	天津—福建	0.000564
天津—江西	0.000885	天津—山东	0.000866	天津—河南	0.000735	天津—湖北	0.000786
天津—湖南	0.001015	天津—广东	0.000426	天津—广西	0.001007	天津—海南	0.001088
天津—重庆	0.001066	天津—四川	0.000923	天津—贵州	0.001180	天津—云南	0.001155
天津—陕西	0.000991	天津—甘肃	0.001086	天津—青海	0.001147	天津—宁夏	0.001090
天津—新疆	0.001036	河北—山西	0.000359	河北—内蒙古	0.001240	河北—辽宁	0.000804
河北—吉林	0.000989	河北—黑龙江	0.001538	河北—上海	0.001013	河北—江苏	0.000981
河北—浙江	0.000967	河北—安徽	0.001263	河北—福建	0.001153	河北—江西	0.001412
河北—山东	0.000753	河北—河南	0.001289	河北—湖北	0.001148	河北—湖南	0.001591
河北—广东	0.000900	河北—广西	0.001575	河北—海南	0.001431	河北—重庆	0.001519
河北—四川	0.001364	河北—贵州	0.001189	河北—云南	0.001189	河北—陕西	0.001832
河北—甘肃	0.001311	河北—青海	0.001555	河北—宁夏	0.001445	河北—新疆	0.001265
山西—内蒙古	0.001344	山西—辽宁	0.001347	山西—吉林	0.001205	山西—黑龙江	0.001412
山西—上海	0.000865	山西—江苏	0.000795	山西—浙江	0.000988	山西—安徽	0.001492
山西—福建	0.000750	山西—江西	0.001302	山西—山东	0.001189	山西—河南	0.001267

续表

省区对	方差均值	省区对	方差均值	省区对	方差均值	省区对	方差均值
山西—湖北	0.000932	山西—湖南	0.000985	山西—广东	0.000754	山西—广西	0.001352
山西—海南	0.001712	山西—重庆	0.001585	山西—四川	0.001480	山西—贵州	0.001401
山西—云南	0.001576	山西—陕西	0.001632	山西—甘肃	0.001518	山西—青海	0.001523
山西—宁夏	0.001565	山西—新疆	0.001481	内蒙古—辽宁	0.001339	内蒙古—吉林	0.001587
内蒙—黑龙江	0.001457	内蒙古—上海	0.001053	内蒙古—江苏	0.001429	内蒙古—浙江	0.000937
内蒙古—安徽	0.001306	内蒙古—福建	0.001465	内蒙古—江西	0.001329	内蒙古—山东	0.000789
内蒙古—河南	0.001147	内蒙古—湖北	0.001568	内蒙古—湖南	0.001455	内蒙古—广东	0.000883
内蒙古—广西	0.001539	内蒙古—海南	0.001669	内蒙古—重庆	0.001761	内蒙古—四川	0.001272
内蒙古—贵州	0.001496	内蒙古—云南	0.001432	内蒙古—陕西	0.001316	内蒙古—甘肃	0.001287
内蒙古—青海	0.001520	内蒙古—宁夏	0.001399	内蒙古—新疆	0.001275	辽宁—吉林	0.000836
辽宁—黑龙江	0.000607	辽宁—上海	0.001016	辽宁—江苏	0.000885	辽宁—浙江	0.000607
辽宁—安徽	0.000743	辽宁—福建	0.000838	辽宁—江西	0.001301	辽宁—山东	0.001153
辽宁—河南	0.001378	辽宁—湖北	0.000875	辽宁—湖南	0.001163	辽宁—广东	0.000741
辽宁—广西	0.001196	辽宁—海南	0.001776	辽宁—重庆	0.001647	辽宁—四川	0.001269
辽宁—贵州	0.001454	辽宁—云南	0.001323	辽宁—陕西	0.001203	辽宁—甘肃	0.001336
辽宁—青海	0.001520	辽宁—宁夏	0.001654	辽宁—新疆	0.001524	吉林—黑龙江	0.000740
吉林—上海	0.000896	吉林—江苏	0.000907	吉林—浙江	0.001192	吉林—安徽	0.001197
吉林—福建	0.001670	吉林—江西	0.001390	吉林—山东	0.001268	吉林—河南	0.001559
吉林—湖北	0.001167	吉林—湖南	0.001743	吉林—广东	0.000602	吉林—广西	0.001336
吉林—海南	0.001825	吉林—重庆	0.001470	吉林—四川	0.001361	吉林—贵州	0.001309
吉林—云南	0.001538	吉林—陕西	0.001239	吉林—甘肃	0.001194	吉林—青海	0.001421
吉林—宁夏	0.001305	吉林—新疆	0.001812	黑龙江—上海	0.000882	黑龙江—江苏	0.000954
黑龙江—浙江	0.000825	黑龙江—安徽	0.001237	黑龙江—福建	0.001135	黑龙江—江西	0.001385
黑龙江—山东	0.001206	黑龙江—河南	0.001442	黑龙江—湖北	0.001334	黑龙江—湖南	0.001622

续表

省区对	方差均值	省区对	方差均值	省区对	方差均值	省区对	方差均值
黑龙江—广东	0. 001755	黑龙江—广西	0. 001437	黑龙江—海南	0. 001328	黑龙江—重庆	0. 001438
黑龙江—四川	0. 001399	黑龙江—贵州	0. 001489	黑龙江—云南	0. 001384	黑龙江—陕西	0. 001307
黑龙江—甘肃	0. 001476	黑龙江—青海	0. 001414	黑龙江—宁夏	0. 001303	黑龙江—新疆	0. 001838
上海—江苏	0. 000642	上海—浙江	0. 000530	上海—安徽	0. 001025	上海—福建	0. 000958
上海—江西	0. 001046	上海—山东	0. 000757	上海—河南	0. 000657	上海—湖北	0. 000849
上海—湖南	0. 000924	上海—广东	0. 000525	上海—广西	0. 001111	上海—海南	0. 001073
上海—重庆	0. 000686	上海—四川	0. 000979	上海—贵州	0. 001048	上海—云南	0. 001089
上海—陕西	0. 000960	上海—甘肃	0. 001143	上海—青海	0. 001031	上海—宁夏	0. 000945
上海—新疆	0. 000934	江苏—浙江	0. 000882	江苏—安徽	0. 000743	江苏—福建	0. 000503
江苏—江西	0. 000925	江苏—山东	0. 000487	江苏—河南	0. 000881	江苏—湖北	0. 000981
江苏—湖南	0. 001014	江苏—广东	0. 000553	江苏—广西	0. 001405	江苏—海南	0. 000943
江苏—重庆	0. 001132	江苏—四川	0. 001416	江苏—贵州	0. 001272	江苏—云南	0. 001454
江苏—陕西	0. 001290	江苏—甘肃	0. 001510	江苏—青海	0. 001373	江苏—宁夏	0. 001740
江苏—新疆	0. 001109	浙江—安徽	0. 000660	浙江—福建	0. 000545	浙江—江西	0. 001140
浙江—山东	0. 000667	浙江—河南	0. 000772	浙江—湖北	0. 000667	浙江—湖南	0. 000781
浙江—广东	0. 000432	浙江—广西	0. 000888	浙江—海南	0. 000957	浙江—重庆	0. 000975
浙江—四川	0. 000963	浙江—贵州	0. 000866	浙江—云南	0. 001246	浙江—陕西	0. 001213
浙江—甘肃	0. 000859	浙江—青海	0. 001238	浙江—宁夏	0. 001129	浙江—新疆	0. 001292
安徽—福建	0. 000768	安徽—江西	0. 001414	安徽—山东	0. 001291	安徽—河南	0. 000953
安徽—湖北	0. 001232	安徽—湖南	0. 001735	安徽—广东	0. 000797	安徽—广西	0. 001394
安徽—海南	0. 001232	安徽—重庆	0. 001459	安徽—四川	0. 001318	安徽—贵州	0. 001452
安徽—云南	0. 001675	安徽—陕西	0. 001324	安徽—甘肃	0. 001180	安徽—青海	0. 001549
安徽—宁夏	0. 001280	安徽—新疆	0. 001825	福建—江西	0. 000915	福建—山东	0. 000679
福建—河南	0. 001141	福建—湖北	0. 001492	福建—湖南	0. 001387	福建—广东	0. 000396

续表

省区对	方差均值	省区对	方差均值	省区对	方差均值	省区对	方差均值
福建—广西	0.000836	福建—海南	0.000955	福建—重庆	0.001155	福建—四川	0.001382
福建—贵州	0.001315	福建—云南	0.000909	福建—陕西	0.000997	福建—甘肃	0.001283
福建—青海	0.001629	福建—宁夏	0.000832	福建—新疆	0.001300	江西—山东	0.000994
江西—河南	0.001189	江西—湖北	0.000748	江西—湖南	0.000827	江西—广东	0.000407
江西—广西	0.000958	江西—海南	0.001595	江西—重庆	0.001458	江西—四川	0.001343
江西—贵州	0.001396	江西—云南	0.001484	江西—陕西	0.001375	江西—甘肃	0.001389
江西—青海	0.001508	江西—宁夏	0.001642	江西—新疆	0.001539	山东—河南	0.000640
山东—湖北	0.000852	山东—湖南	0.000746	山东—广东	0.000332	山东—广西	0.000849
山东—海南	0.000977	山东—重庆	0.001177	山东—四川	0.001255	山东—贵州	0.001349
山东—云南	0.001597	山东—陕西	0.001293	山东—甘肃	0.001169	山东—青海	0.001651
山东—宁夏	0.001556	山东—新疆	0.001619	河南—湖北	0.000512	河南—湖南	0.000619
河南—广东	0.000954	河南—广西	0.001420	河南—海南	0.001277	河南—重庆	0.001574
河南—四川	0.001225	河南—贵州	0.001429	河南—云南	0.001284	河南—陕西	0.001785
河南—甘肃	0.001229	河南—青海	0.001531	河南—宁夏	0.001384	河南—新疆	0.000919
湖北—湖南	0.000554	湖北—广东	0.000654	湖北—广西	0.000748	湖北—海南	0.000942
湖北—重庆	0.000687	湖北—四川	0.000724	湖北—贵州	0.001008	湖北—云南	0.000905
湖北—陕西	0.000803	湖北—甘肃	0.001110	湖北—青海	0.001388	湖北—宁夏	0.001797
湖北—新疆	0.001058	湖南—广东	0.000511	湖南—广西	0.000772	湖南—海南	0.000860
湖南—重庆	0.000911	湖南—四川	0.000677	湖南—贵州	0.001162	湖南—云南	0.001278
湖南—陕西	0.000878	湖南—甘肃	0.001237	湖南—青海	0.001301	湖南—宁夏	0.001704
湖南—新疆	0.001280	广东—广西	0.000388	广东—海南	0.000569	广东—重庆	0.000739
广东—四川	0.000504	广东—贵州	0.000409	广东—云南	0.000601	广东—陕西	0.000859
广东—甘肃	0.001028	广东—青海	0.001014	广东—宁夏	0.001182	广东—新疆	0.000929
广西—海南	0.000998	广西—重庆	0.000815	广西—四川	0.000778	广西—贵州	0.000962

续表

省区对	方差均值	省区对	方差均值	省区对	方差均值	省区对	方差均值
广西—云南	0.000847	广西—陕西	0.001208	广西—甘肃	0.001283	广西—青海	0.001494
广西—宁夏	0.001688	广西—新疆	0.000954	海南—重庆	0.001022	海南—四川	0.001162
海南—贵州	0.000954	海南—云南	0.001115	海南—陕西	0.000968	海南—甘肃	0.001209
海南—青海	0.001713	海南—宁夏	0.001386	海南—新疆	0.001247	重庆—四川	0.000501
重庆—贵州	0.000607	重庆—云南	0.000744	重庆—陕西	0.000915	重庆—甘肃	0.001322
重庆—青海	0.001301	重庆—宁夏	0.001004	重庆—新疆	0.001270	四川—贵州	0.000907
四川—云南	0.000647	四川—陕西	0.000892	四川—甘肃	0.001250	四川—青海	0.001328
四川—宁夏	0.001438	四川—新疆	0.000993	贵州—云南	0.001354	贵州—陕西	0.001650
贵州—甘肃	0.001368	贵州—青海	0.001591	贵州—宁夏	0.001486	贵州—新疆	0.001535
云南—陕西	0.001556	云南—甘肃	0.001538	云南—青海	0.001402	云南—宁夏	0.001755
云南—新疆	0.001245	陕西—甘肃	0.000881	陕西—青海	0.001272	陕西—宁夏	0.000930
陕西—新疆	0.000931	甘肃—青海	0.001278	甘肃—宁夏	0.001166	甘肃—新疆	0.001524
青海—宁夏	0.001748	青海—新疆	0.001615	宁夏—新疆	0.001486		

数据来源：该表数据是由笔者计算整理所得。

由表3.6可知，1999—2018年期间，435个省区对相对价格方差中均值最小的前五个省区对分别是：北京—天津、山东—广东、天津—江苏、天津—安徽、北京—河北，表明这几个省区对的市场整合水平是最高的。北京—天津、北京—河北这两个省区对的市场整合水平排名较前，说明京津冀一体化进程有了较大的发展。相对价格方差均值最大的前五个省区对分别是：黑龙江—新疆、河北—陕西、安徽—新疆、吉林—海南、吉林—新疆，说明这几个省区对的市场整合水平是最低的。这五个省区对基本都包含了地理位置比较偏远的省（自治区），如黑龙江、新疆、吉林、海南，这表明地理位置对市场整合水平起到了很重要的重要。此外，不同省区对之间相对价格方差均值的差异也比较大，方差最大的省区对黑龙江—新疆的相对价格方差均值为0.001838，大约为方差最小的省区对北京—天津的相对价格方差均值0.000205的9倍，这表明不同省区对的市场整合水平存在较大差异。仔细观察表3.6可知，相邻省区对的相对价格方差均值一般要比非相邻省区对更小一些，这表明相邻省区间的市场整合程度要高于非相邻的省区。这除了可以用地理距离进行解释外，还应该与相邻省区间存在相近的文化、习俗、方言等人文因素有关。

3.6　本章小结

现有文献在对商品市场整合进行研究时都必须要先解决市场整合水平测度问题，故笔者在本章分别使用产出结构法、贸易法、经济周期法、需求—价格法和价格法这五种方法对中国30个省区的市场整合水平进行了测度。之所以要使用不同的方法度量市场整合水平，是因为不同学者对中国国内市场整合水平的测度结果并不相同，有的甚至是截然相反。学者们得到不同的结果，主要原因在于：①测度的时间区间不同；②研究的省区对象不一致；③采用了不同的测度方法。因此，笔者将测度的时间区间统一为1999—2018年，研究样本统一为除西藏外中国内地其余30个省区。此外，各种测度方法都程度不同的存在这样或那样的缺陷，故只采用一种方法对市场整合水平进行测度，其结果难免会有偏差，不具有说服力。比较可取的做法是，采用各种方法进行测度，并对所得到的测度结果进行相互比较和验证，这样做才会使得到的结论更稳健、更可靠。

在产出结构法中，笔者采用了产业结构相似度和 Krugman 专业化指数这两个指标进行度量，用这两个指标进行测度的结果基本是一致的，即 1999—2018 年期间中国 30 个省区商品市场整合水平呈上升趋势，但市场整合水平在提高的过程中经历了较大的起伏，并非一帆风顺。运用贸易法测度时，笔者借鉴 Wong（2012）的方法，通过对省区间的省际贸易成本的测度来间接反映国内商品市场整合情况。结果显示在样本期间内，中国 30 个省区间的省际贸易成本呈现出下降的趋势，说明在这一时期，中国国内商品市场是趋于整合的。此外，西部地区平均的省际贸易成本是最高的，中部地区次之，东部地区最低。运用经济周期法测度，相关系数法和 C－M 同步化指数法的测度结果都表明，1999—2018 年中国 30 个省区间的经济周期同步性水平有所上升，这意味着该时期内，中国国内市场整合水平有所提高。C－M 同步化指数法的结果还显示，在市场整合水平总体呈现上升趋势的背景下，一些年份也出现了短暂的下降走势。需求—价格法下的测度结果显示，1999—2018 年中国 30 个省区市场整合水平有明显的提高。分阶段看，1999—2008 年期间，中国国内市场整合程度虽有所提高，但提高的幅度比较有限且存在较大的起伏。在某些年份，很多省区的市场整合水平出现了短暂的下降趋势。2009—2018 年期间，从总体上看，中国 30 个省区市场整合水平都有显著提高，且 30 个省区的市场整合水平基本都呈现出逐年上升的趋势，表明这一时期，中国国内市场整合进程处于平稳、有效、持续地推进过程中。分地区看，东、中、西部省区间市场整合水平存在一定差距。具体来说，东部和中部地区市场整合水平相对较高，西部地区市场整合水平相对较低，虽然西部省区市场整合程度从绝对水平上看比较低，但在2009—2018年期间其改善程度却比较高。虽然中国30个省区间的市场整合程度有所不同，但各省区市场整合进程在1999—2018年期间的同步程度却较高。运用价格法测度结果表明，1999—2018年间中国30个省区相对价格方差有了明显的下降，表明该时期中国国内市场整合程度出现了明显的改善，市场化改革成效显著。以2008年为时间节点将1999—2018年划分为两个子时期来看，1999—2008年期间，中国30个省区相对价格方差虽然呈现出了下降的趋势，但在某些年份也出现了短暂的上升势头，说明该时期市场在趋于整合过程中存在一定的反复。2009—2018年期间，中国30个省区相对价格方差基本呈现出逐渐下降的走势，且下降的幅度明显比1999—2008年期间要高，说明该时期市场整合进程的发展较为顺利。三大地区相对价格方差的变化与全国比较相似，且走势与全国基本同步，这表明东、中、西部地区的市场整合情况与全国的总体情况基本一致。几乎所有省区的市场整合进程在1999—2008年期间都存在较大的起伏，这一时期市场整合的改善程度也不算太大；而在2009—2018年期间，30个省区的市场整合基本都呈现出逐年下降的趋势，且改善的程度明显高于前一个时期。

为了得到更稳健、更可靠的研究结论，笔者对以上采用各种测度方法得到的结果进行相互验证、比较和综合后认为，1999—

2018 年间中国国内市场整合水平有明显的提高，市场化改革成效显著。以 2008 年为时间节点将 1999—2018 年划分为两个子时期来看，1999—2008 年期间，中国国内市场整合程度虽有所提高，但提高的幅度比较有限且存在较大的起伏，一些年份中，很多省区的市场整合水平出现了短暂的下降趋势。2009—2018 年期间，中国国内市场整合水平基本呈现出逐年上升的走势，上升的幅度也明显比 1999—2008 年期间要高，表明该时期中国国内市场整合进程处于平稳、有效、持续地推进过程中。分地区看，东、中、西部省区间市场整合水平存在一定差异，结合各种方法的测度结果，笔者认为，东部省（市）的市场整合水平最高、中部省份次之，西部最低，虽然西部省区市场整合的绝对水平最低，但其改善程度在三个地区中是最高的。此外，虽然中国 30 个省区间的市场整合程度存在差异，但 1999—2018 年各省区市场整合进程基本保持了较为同步的走势。

第四章　市场分割影响因素分析

本章中，笔者拟在上一章测度1999—2018年中国国内商品市场整合（分割）水平的基础上，[①]对影响市场分割的因素及其机制进行分析，并提出有针对性的缓解市场分割的政策建议，进而提高市场整合水平。需要说明的是，本章研究市场分割影响因素时所使用的市场分割水平是基于价格法测度得到的（使用价格法计算的相对价格方差及其变化，既可以用来反映市场整合的变动趋势，也可以用来衡量市场分割的变动趋势）。之所以使用价格法，是因为价格法是以经过萨缪尔森的“冰山成本”模型修正的“一价定律”为基础，具有较好的理论基础；同时，价格法所需的商品分类价格指数数据比较容易获取；而且，用价格法测度得到的结果与上一章中采用各种测度方法经过相互验证、比较和综合后得到的结论基本相同。

中国国内市场分割影响因素是研究市场分割的学者们普遍关

① 市场整合与市场分割是同一问题的两个方面，研究市场分割的影响因素本质上就是在研究市场整合的影响因素，由于基于“问题”视角出发更有利于“问题”的解决，故本章是基于市场分割的视角所展开的研究。

心的问题。通过文献梳理笔者发现，影响中国国内市场分割的因素具有多样性，总的来说可以分为制度因素、技术因素和自然因素。学者们围绕着这几个因素展开了大量的研究，并获得了丰富的研究成果，这为本章研究市场分割的影响因素打下了坚实的基础。但现有文献在研究市场分割影响因素时普遍忽略了一个问题，即不同地区的市场分割通常在空间上存在着相互作用，以及某个地区的市场分割往往受到其他地区市场分割的影响。如果仅仅使用文献中普遍采用的普通计量模型，则会使分析结果出现偏误，甚至是错误，此时需要采用能捕捉这种空间效应的空间计量模型来进行分析。本章中，笔者正是在考虑了省区间市场分割相互影响的基础上，使用空间计量模型来进行研究的。

4.1 空间相关性检验

如前所述，由于不同省区间的市场分割并不是孤立的，有可能存在着空间相关性，因此，在使用计量模型对中国省区间市场分割的影响因素进行分析之前，就有必要确认在模型中是否存在空间相关性（空间溢出效应），如果存在就应该采用空间计量模型加以分析，否则，就应使用普通计量模型。

文献中检验空间相关性的指标主要有全局 Moran's *I* 指数、Geary's *C* 指数、Getis - Ord's *G* 指数、Cliff - Ord Statistic、Joint - count Statistic 等。笔者选取全局 Moran's *I* 指数、Geary's *C* 指数来进行空间相关性检验。一般来说，全局 Moran's *I* 指数、Geary's *C*

指数通常只能用于截面数据的空间计量模型，无法对面板数据空间计量模型进行空间相关性检验。为此，笔者借鉴李立等（2015）的做法，用分块矩阵 K 代替全局 Moran's I 指数和 Geary's C 指数中的传统空间权重矩阵，则这两个指数就可以扩展到面板数据的空间相关性检验中。分块空间权重矩阵的运算如下式所示。

$$K = I_T \otimes W \tag{4.1}$$

其中，K 为 $NT \times NT$ 的分块矩阵，用以替代传统的空间权重矩阵；I_T 为 $T \times T$ 单位矩阵；W 为 $N \times N$ 的传统空间权重矩阵；$\otimes$ 为克罗内克积。相应的全局 Moran's I 指数和 Geary's C 指数分别为（4.2）公式和（4.3）公式所示。

$$\text{Moran's } I = \frac{n\sum_{i=1}^{n}\sum_{j=1}^{n}k_{i,j}(x_i - \bar{x})(x_j - \bar{x})}{\sum_{i-1}^{n}\sum_{j=1}^{n}k_{i,j}(x_i - \bar{x})^2} \tag{4.2}$$

$$\text{Geary's } C = \frac{(n-1)\sum_{i=1}^{n}\sum_{j=1}^{n}k_{i,j}(x_i - x_j)^2}{2(\sum_{i=1}^{n}\sum_{j=1}^{n}k_{i,j})(\sum_{i=1}^{n}(x_i - \bar{x})^2)} \tag{4.3}$$

其中，x_i、x_j 分别为空间单元 i 和 j 相应变量的取值；$k_{i,j}$ 反映了空间单元 i 和 j 之间的关联程度，即分块空间权重矩阵相应的元素；$\bar{x} = \sum_{i=1}^{n}x_i/n$；Moran's I 的取值介于 −1 到 1 之间，大于 0 表示存在正的空间相关性，小于 0 表示存在负的空间相关性，等于 0 表示不存在空间相关性；Geary's C 的取值一般介于 0 到 2 之间（2 不是严格上限），大于 1 表示存在负的空间相关性，小于 1 表示存在正的空间相关性，等于 1 示不存在空间相关性。基于 Stata 软件计算得到的 Moran's I 指数、Geary's C 指数及其标准化指数 Z（I）和 Z（C）见表 4.1。

表 4.1　四种空间权重矩阵下的空间相关性检验

空间权重矩阵	*Wa*	*Wd*	*We*	*Wn*
Moran's *I*	0.3253	0.2641	0.3680	0.3703
Z (*I*)	6.308***	8.293***	7.032***	7.074***
P 值	0.0000	0.0000	0.0000	0.0000
Geary's *C*	0.7166	0.7631	0.6727	0.6712
Z (*C*)	2.646***	5.757***	2.234**	2.253**
P 值	0.0081	0.0000	0.0255	0.0243

注：*、**、*** 分别表示在 10%、5%、1% 的水平下是显著的。

从表 4.1 的计算结果看，在相邻空间权重矩阵 *Wa*、距离空间权重矩阵 *Wd*、经济距离空间权重矩阵 *We*、新经济距离空间权重矩阵 *Wn* 下（四种空间权重矩阵将在下文详细介绍），Moran's *I* 指数都为正，且其标准化指数都是高度显著的；Geary's *C* 指数都小于 1，且其标准化指数至少在 5% 的水平下是显著的，这都说明存在显著的空间正相关性，因此，在后续中国省区间市场分割影响因素分析中就需要考虑省区间的空间效应。

4.2　空间溢出下市场分割影响因素分析

4.2.1　面板数据空间计量模型简介

由于前文所做的空间相关性检验表明省区间存在空间效应，如果忽视省区间的空间依赖性和溢出效应，进行普通面板模型估计，将不可避免地造成估计结果的偏误，因此，笔者将引入空间计量模型进行分析。经典的空间计量模型主要有空间滞后模型（SAR）、空间误差模型（SEM）和空间杜宾模型（SDM）。Elhorst（2003）、Lee 和 Yu（2010）、Lesage 和 Pace（2010）分别将模型引入面板数据分析中，提出了面板数据空间滞后模型（SAR - Panel）、面板数据空间误差模型（SEM - Panel）和面板数据空间杜宾模型（SDM - Panel），各模型具体形式如下。

面板数据空间滞后模型：

$$y_{it} = \rho w'_i y_t + x'_{it}\beta + \mu_i + \gamma_t + \varepsilon_{it} \tag{4.4}$$

面板数据空间误差模型：

$$y_{it} = x'_{it}\beta + \mu_i + \gamma_t + \xi_{it}, \xi_{it} = \lambda w'_i \xi_t + \varepsilon_{it} \tag{4.5}$$

面板数据空间杜宾模型：

$$y_{it} = \rho w'_i y_t + x'_{it}\beta + w'_i X_t\delta + \mu_i + \gamma_t + \varepsilon_{it} \tag{4.6}$$

其中，x'_{it} 为解释变量向量，β 为解释变量的系数向量，w'_i 为空间权重矩阵 W 的第 i 行，$w'_i y_t = \sum_{j=1}^{n} w_{ij}y_{jt}$，$w_{ij}$ 为空间权重矩阵 W 的（i, j）元素，ρ 为空间自回归系数或空间滞后系数，反映不同空间单元被解释变量之间的空间依赖性，$w'_i \xi_t = \sum_{j=1}^{n} w_{ij}\xi_{jt}$，$\lambda$ 为空间误差系数，衡量不同空间单元随机扰动项之间的空间相关性，$w'_i X_t\delta$ 为解释变量的空间滞后项，δ 刻画了其他地区的解释变量对本地区被解释变量的影响，μ_i、γ_t 分别为个体和时期效应，ε_{it}、ξ_{it} 为服从正态分布的随机扰动项。与普通面板数据模型一样，面板空间计量模型也可分为固定效应（FE）和随机效应（RE）模型，对面板空间计量模型而言，经典的 Hausman 检验不再适用，笔者将借鉴陈青青等（2012）提出的空间 Hausman 检验来对固定效应和随机效应作出判断。

4.2.2 变量与数据

被解释变量市场分割指数（MS）数据来源于上一章用价格法计算的省区间相对价格方差 $VAR(q_{i,j,t}^{k})$。

由于地方政府保护是造成市场分割的重要因素（宋马林和金培振，2016；皮亚彬，2016；Zhao 和 Zhou，2017），故笔者将地方政府保护作为模型的核心解释变量。通常直接度量地方政府保护程度比较困难，笔者借鉴文献常用的做法，即根据政府保护的动机和手段这两个方面对地方政府保护行为进行间接度量。地方政府保护的主要动机通常有两个：一是降低本地失业率，二是保护国有经济以提高地方政府对本地经济的控制力。地方财政支出则是地方保护的主要手段，地方财政支出比重越高，地方政府干预本地经济的能力就越强。财政支出比重（Finance）数据用一般预算支出与地区生产总值之比计算得到；失业率（Unemp）数据用城镇登记失业人数除以城镇单位就业人数与城镇登记失业人数的和计算得到；国有经济比重（Soe）数据用国有在岗职工人数与在岗职工总人数之比计算得到。

控制变量包括对外开放水平、物流发展水平、经济发展水平、市场规模和基础设施水平。对外开放水平（Trade）用贸易依存度表示，其数据用进出口总额与 GDP 之比计算得到；物流发展水平（Logis）用人均货运周转量表示，其数据是用年货运量与年末总人口之比计算得到；经济发展水平（Income）用人均实际收入表示，其数据是用职工工资总额与年末总人口之比计算得到，各年职工工资总额均按2000年不变价格进行换算；市场规模（Retail）直接用社会消费品零售总额加以表示，该变量数据也按2000年不变价格进行换算；基础设施水平（Infra）用每平方千米的公路里程数表示。上述各变量数据均来自于各省区历年的统计年鉴、中国统计年鉴、中国区域经济统计年鉴和中经网统计数据库。在后续实证分析中物流发展水平、经济发展水平、市场规模和基础设施水平这几个变量均作了自然对数处理。

4.2.3　空间计量模型选择

在进行中国省区间市场分割影响因素的空间计量分析时，为了在面板数据空间滞后模型、空间误差模型和空间杜宾模型中选出最优模型，笔者先使用这3个模型分别进行估计，然后根据相关标准选择确定最优的模型，并在此基础上展开后续研究。由于存在空间相关性，如果使用OLS进行估计，会得到有偏且非一致的估计结果，故笔者采纳Lee和Yu（2010）、Elhorst（2010）的建议，使用准极大似然法（QMLE）进行估计。此外，为了与空间计量分析进行比较，笔者还做了普通面板数据分析（为了保证可比性，普通面板数据分析使用的也是极大似然法）。分析结果见表4.2。

表4.2　1999—2018年中国省区间市场分割影响因素分析

变量	普通面板 – RE	SAR – FE	SEM – FE	SDM – FE
Finance	8.124***	9.407***	9.337***	7.683***

续表

变量	普通 面板 – RE	SAR – FE	SEM – FE	SDM – FE
Finance	(1.977)	(1.924)	(1.765)	(2.113)
Unemp	0.631**	0.833***	1.038**	0.713***
	(0.256)	(0.263)	(0.476)	(0.169)
Soe	0.303	0.367**	0.346**	0.256***
	(0.765)	(0.161)	(0.163)	(0.083)
Trade	-0.862*	-0.934**	-1.038**	-0.928***
	(0.452)	(0.417)	(0.479)	(0.316)
Ln (Logis)	-0.341***	-0.569***	-0.461***	-0.589***
	(0.117)	(0.161)	(0.163)	(0.196)
Ln (Income)	-0.567	-0.673**	-0.536*	-0.717***
	(0.362)	(0.301)	(0.279)	(0.241)
Ln (Retail)	-0.723***	-0.771***	-0.662***	-0.763***
	(0.176)	(0.121)	(0.159)	(0.192)
Ln (Infra)	-0.685*	-0.716**	-0.642*	-0.721**
	(0.357)	(0.321)	(0.343)	(0.327)
W * Finance	—	—	—	-4.775***
	—	—	—	(1.281)
W * Unemp	—	—	—	0.512***
	—	—	—	(0.127)
W * Soe	—	—	—	0.827
	—	—	—	(1.259)
W * Trade	—	—	—	-0.965*
	—	—	—	(0..496)
W * Ln (Logis)	—	—	—	-0.173

续表

变量	普通面板 - RE	SAR - FE	SEM - FE	SDM - FE
W * Ln (Logis)	—	—	—	(0.139)
W * Ln (Income)	—	—	—	1.582**
	—	—	—	(0.711)
W * Ln (Retail)	—	—	—	-0.385*
	—	—	—	(0.202)
W * Ln (Infra)	—	—	—	-0.577*
	—	—	—	(0.297)
Constant	7.343***	8.347***	9.564***	7.446***
	(2.234)	(2.247)	(2.479)	(2.269)
ρ	—	0.3438 [0.0000]	—	0.3645 [0.0000]
λ	—	—	0.3923 [0.0000]	—
LLF	-282.3451	-274.9874	-279.9832	-264.3274
AIC	0.9023	0.8374	0.8675	0.8256
LR Test (W * X = 0)	—	—	—	20.2135 [0.0067]
Hausman Test	5.3566 [0.6331]	26.3246 [0.0000]	22.0943 [0.0000]	31.2348 [0.0000]
LM - lag	—	38.6945 [0.0000]	43.1235 [0.0000]	—
R - LM - lag	—	2.5221 [0.0926]	2.8455 [0.0872]	—
LM - error	—	35.0439 [0.0000]	42.2156 [0.0000]	—
R - LM - error	—	0.3563 [0.5274]	0.0189 [0.8916]	—
Adjusted R^2	—	0.8659	0.8532	0.8773
N	600	600	600	600

注：*、**、*** 分别表示在 10%、5%、1% 的水平下是显著的；(　) 内的数值表示估计系数的标准误；[　] 内的数值表示对应检验统计量的 P 值。

表 4.2 第 2 列给出的是普通面板分析，第 3、4、5 列是空间

面板分析，空间面板分析中使用的权重矩阵都是相邻空间权重矩阵 Wa，即主对角线元素均为0，非主对角线元素（i，j）的取值取决于第 i 和第 j 个省区是否存在共同边界。如果存在共同边界，其值为1，否则，其值为0。对比普通面板和空间面板，两者虽然在估计系数的符号上是一致的，但空间面板分析中所估系数的显著性明显好于普通面板，且空间面板的对数似然函数（LLF）都比普通面板大，而赤池信息准则（AIC）都比普通面板小。此外，第3、5列空间滞后和空间杜宾模型中的空间自回归系数 ρ 都是高度显著的，第4列空间误差模型中的空间误差系数 λ 也是高度显著的，高度显著的 ρ 和 λ 佐证了空间相关性的存在。因此，使用空间面板分析比普通面板更合适。

再来看表4.2第3、4列的空间滞后和空间误差模型，根据 Anselin 和 Florax（1995）的建议，如果空间滞后模型的LM检验（LM - lag）比空间误差模型LM检验（LM - error）更显著，且空间滞后模型的稳健LM检验（R - LM - lag）显著，而空间误差模型的稳健LM检验（R - LM - error）不显著，则空间滞后模型比空间误差模型更合适。反之，如果空间误差模型的LM检验比空间滞后模型LM检验更显著，且空间误差模型的稳健LM检验显著，而空间滞后模型的稳健LM检验不显著，则空间误差模型比空间滞后模型更合适。从表4.2第3列的空间滞后模型估计结果可以发现，空间滞后模型的LM - lag检验统计量（38.6945）比LM - error（35.0439）更显著，其R - LM - lag在10%的水平上是显著的，而R - LM - error不显著；第4列空间误差模型的结果也是LM - lag检验统计量（43.1235）比LM - error（42.2156）

更显著，R－LM－lag 在10%的水平上是显著的，而 R－LM－error 不显著。此外，从对数似然函数（LLF）、赤池信息准则（AIC）和校正的 R^2 来看，空间滞后模型都优于空间误差模型。这表明空间误差模型比空间滞后模型更合适。

由于空间杜宾模型是在空间滞后模型的基础上引入了解释变量的空间滞后，因此，从理论上看空间杜宾模型比空间滞后模型更完善。从实际情况看，表4.2第5列对解释变量空间滞后系数全为0的LR检验在1%的水平是显著的，表明部分或全部解释变量的空间滞后对被解释变量确实存在空间影响。另外空间杜宾模型的对数似然函数（LLF）、赤池信息准则（AIC）和校正的 R^2 也都好于空间滞后模型，故笔者最终将使用空间杜宾模型对中国省区间市场分割的影响因素进行分析。至于各解释变量及其空间滞后如何影响中国省区间市场分割的问题，笔者将在下面进行详细讨论。

4.2.4　空间权重矩阵选择

前面在进行空间计量分析时所使用的是相邻空间权重矩阵 Wa，该权重矩阵是空间计量分析中使用最为广泛的权重矩阵。但该权重矩阵有两个缺陷：一是它只把空间效应局限在有共同边界的空间单元之间。如果两个空间单元没有共同边界，则它们之间就不存在空间效应，这显然与现实不符。两个省区即使没有共同边界，它们之间通常也存在相互间的空间影响。二是对于有共同边界的空间单元都给予相同的权重（都为1），这也与现实不符。例如，省区 i 与 j、k 都存在共同边界，但省区 i 与 j 之间的经济联

系更紧密，故应给予省区 i 与 j 更大的权重。为此，笔者将引入距离空间权重矩阵 Wd 和经济距离空间权重矩阵 We，这两个权重矩阵都能解决上述两个缺陷。距离空间权重矩阵的主对角线元素均为零，非主对角线元素（i，j）的取值为第 i 和第 j 个省区间球面距离（省区间的球面距离是用相应省会城市间的球面距离加以表示，数据来源于最新版的 Google Earth）的倒数。两个省区间的距离越近，其权重越大；反之，其权重越小。经济距离空间权重矩阵的主对角线元素均为零，非主对角线元素（i，j）的取值为 $1/|\overline{GDP_i}-\overline{GDP_j}|$（$i\neq j$），$\overline{GDP_i}$ 为省区 i 在样本期间的人均实际 GDP（按 2000 年不变价格计算）的均值。如果两个省区的人均实际 GDP 的均值越接近，即经济发展水平越相近，其权重就越大，反之，其权重越小。

虽然距离空间权重矩阵和经济距离空间权重矩阵可以解决相邻空间权重矩阵的缺陷，但它们也存在不足。这两个矩阵中的元素所表征的两个省区间的相互影响是相同的，即它们关于主对角线是对称的，但现实情况通常是经济发展水平高的省区对经济发展水平低的省区能产生更大的空间影响。为此，笔者借鉴叶阿忠等（2015）的做法，引入新经济距离空间权重矩阵 Wn。具体公式如下：

$$W_n = W_d \times diag(\overline{GDP_1}/\overline{GDP}, \overline{GDP_2}/\overline{GDP}, \cdots, \overline{GDP_n}/\overline{GDP}) \tag{4.7}$$

其中，Wd 为距离空间权重矩阵，$\overline{GDP_i}$ 的含义如前所示，$\overline{GDP}$ 表示在 $\overline{GDP_i}$ 的基础上按省区平均的人均实际 GDP 的均值，$diag(\cdot)$ 表示对矩阵 Wd 的第 i 行乘以其括号中的第 i 个参数。新构造的权重矩阵不再是关于主对角线对称的，体现了经济发展水平高的省区对经济发展水平低的省区能产生更大空间影响的特点。下面笔者将基于4种空间权重矩阵（空间权重矩阵都进行了行标准化处理），使用面板数据空间杜宾模型来分析中国省区间市场分割的影响因素，结果见表4.3。

表4.3　基于不同空间权重矩阵的SDM分析

变量	权重矩阵 *Wa*	权重矩阵 *Wd*	权重矩阵 *We*	权重矩阵 *Wn*
Finance	7.683***	6.324***	7.436***	6.532***
	(2.113)	(1.954)	(2.543)	(2.153)
Unemp	0.713***	0.845***	1.032***	1.121***
	(0.169)	(0.212)	(0.345)	(0.324)
Soe	0.256**	0.246**	0.333**	0.483***
	(0.113)	(0.116)	(0.158)	(0.124)
Trade	−0.828**	−0.632***	−0.745***	−0.885***
	(0.376)	(0.134)	(0.238)	(0.285)
Ln（Logis）	−0.589***	−0.637***	−0.672**	−0.743***
	(0.196)	(0.132)	(0.232)	(0.285)
Ln（Income）	−0.717***	−0.623**	−0.848***	−0.947***
	(0.241)	(0.291)	(0.286)	(0.279)
Ln（Retail）	−0.763***	−0.665***	−0.747***	−0.699***
	(0.192)	(0.221)	(0.137)	(0.146)
Ln（Infra）	−0.721**	−0.849***	0.763**	−0.983***
	(0.327)	(0.256)	(0.377)	(0.287)
W * Finance	−4.775***	−5.836***	−7.754***	−7.355***
	(1.281)	(1.664)	(2.246)	(2.362)

续表

变量	权重矩阵 *Wa*	权重矩阵 *Wd*	权重矩阵 *We*	权重矩阵 *Wn*
W * Unemp	0. 512 * * *	0. 711 * *	0. 853 * * *	0. 946 * * *
	(0. 127)	(0. 298)	(0. 275)	(0. 283)
W * Soe	0. 827	0. 946	0. 843	0. 934
	(1. 259)	(1. 346)	(1. 436)	(1. 238)
W * Trade	-0. 965 *	-0. 747 *	-0. 845 * *	-0. 883 * * *
	(0. . 496)	(0. 387)	(0. 411)	(0. 245)
W * Ln (Logis)	-0. 173	-0. 275	-0. 156	-0. 246
	(0. 139)	(0. 384)	(0. 223)	(0. 343)
W * Ln (Income)	1. 582 * *	1. 454 *	1. 384 * *	2. 633 * * *
	(0. 711)	(0. 787)	(0. 592)	(0. 845)
W * Ln (Retail)	-0. 385 *	-0. 656 *	-0. 553 *	-0. 659 * *
	(0. 202)	(0. 363)	(0. 288)	(0. 279)
W * Ln (Infra)	-0. 577 *	-0. 694 * *	-0. 532 *	-0. 742 * *
	(0. 297)	(0. 322)	(0. 281)	(0. 337)
Constant	7. 446 * * *	10. 653 * * *	12. 975 * * *	11. 343 * * *
	(2. 269)	(2. 445)	(3. 643)	(3. 340)
ρ	0. 3645 [0. 0000]	0. 3686 [0. 0000]	0. 3952 [0. 0000]	0. 4533 [0. 0000]
LLF	-264. 3274	-261. 3455	-260. 3258	-257. 2439
AIC	0. 8256	0. 8406	0. 8133	0. 7684
LR Test (W * X = 0)	20. 2135 [0. 0067]	20. 0132 [0. 0069]	21. 2346 [0. 0035]	22. 3443 [0. 0021]
Hausman Test	31. 2348 [0. 0000]	33. 4523 [0. 0000]	30. 8532 [0. 0000]	34. 3253 [0. 0000]
AdjustedR^2	0. 8773	0. 8825	0. 8834	0. 8945
N	600	600	600	600

注: * 、* * 、* * * 分别表示在 10%、5%、1% 的水平下是显著的; ( ) 内的数值表示估计系数的标准误; [ ] 内的数值表示对应检验统计量的 P 值, 本表第 2 列的估计结果来自于表 4. 2 第 5 列。

比较表 4.3 中四种不同权重矩阵的估计结果可知，各解释变量及其空间滞后的估计系数符号完全相同，第 5 列的系数显著性略好于其他三列；各列的空间自回归系数 ρ 都是高度显著的。其中，第 5 列的系数值比其他三列都要大，表明在新经济距离空间权重矩阵下，各省区的市场分割对其他省区产生了更大的空间溢出效应；第 5 列的对数似然函数、校正 R^2 比其他三列都大，而赤池信息准则比其他三列都小。这些都表明，第 5 列的估计结果更理想，因此，下文对模型的解释是基于表 4.3 第 5 列的估计结果展开的。

4.2.5　估计结果分析

表 4.3 第 5 列估计得到的空间自回归系数 ρ 显著为正，表明中国省区间的市场分割存在正的空间溢出效应，即某个省区市场分割水平提高会导致其他省区市场分割水平也提高，这很可能是因为某个地方政府采取限制其他省区商品流入本地市场的保护措施导致了其他地方政府的“以牙还牙”政策。因此，当某个地方政府采取保护措施提高本地市场分割程度时，导致其他地方政府采取类似措施从而也提高了市场分割程度。

对核心解释变量而言，财政支出比重的估计系数显著为正，说明本地财政支出比重提高会加剧市场分割，这是因为随着财政支出比重提高，地方政府保护本地市场的能力得到增强，保护范围扩大，保护程度加深。失业率的估计系数显著为正，表明随着失业率上升，地方政府干预经济的动机会增强，倾向于采用保护措施来提升本地就业，从而恶化了本地市场分割水平。国有经济比重的估计系数显著为正，意味着随着国有经济比重的提高，地方政府对本地经济的控制力增强，可以更有效的进行地方保护，从而加剧了市场分割。对控制变量而言，对外开放水平、物流发展水平、经济发展水平、市场规模和基础设施水平的估计系数均显著为负，说明随着对外开放水平、物流发展水平、经济发展水平、基础设施水平的提高和市场规模的扩大，本地市场分割水平会下降，有利于提高市场整合水平。

再来看各解释变量的空间滞后对市场分割水平的影响。财政支出比重的空间滞后系数显著为负，表明随着其他省区财政支出比重提高，本地市场分割水平会下降。这可能是因为当其他省区财政支出比重提高时，其他省区地方政府保护能力增强，市场分割水平提高。此时，其他省区之间的经贸往来会减少，而其他省区与本省区之间的经贸联系就相对更多，本地市场相对其他省区市场而言就更开放，故本地市场分割程度有所下降。失业率的空间滞后系数显著为正，说明其他省区失业率的上升，会提高本地市场分割水平。可能的原因是其他省区失业率上升会导致失业人员流入到本地，地方政府为了保护本地就业，从而采取相关措施，进而恶化了本地市场分割水平。国有经济比重的空间滞后系数虽然为正，但并不显著，表明其他省区国有经济比重提高不会对本地市场分割水平造成实质性影响。对外开放水平、市场规模和基础设施水平的空间滞后系数显著为负，意味着其他省区对外开放和基础设施水平的提高和市场规模扩大，会促进本地市场一体化，弱化本地市场分割。其内在机理是：当其他省区对外开放水平提高时，通常会引致其对内开放水平的提高（Wong，2012），相应会降低对本地商品流入的限制；其他省区基础设施水平的提高有利于本省区与其他省区的经贸交流；而其他省区市场规模扩大，自然会增加对本地商品的需求，这几方面的原因都会促进本地商品的跨省区流动，从而降低本地市场分割水平。经济发展水平的空间滞后系数显著为正，表明随着其他省区经济发展水平提高，本地市场分割程度会恶化。这可能是因为地方政府官员间存在晋升博弈的竞争关系，使得本地官员对其他省区经济发展水平提高所作出的反应导致的（如为了赶超其他省区的经济发展水平，限制其他省区商品流入本地市场等）。物流发展水平的空间滞后系数不显著，说明其他省区物流发展水平对本地市场分割的影响可以忽略不计。

4.3　本章小结

在上一章价格法测度的市场分割水平的基础上，本章基于中国 30 个省区 1999—2018 年的数据，使用空间面板计量模型分析了省区间商品市场分割的影响因素，研究得到了以下结论：①中国省区间商品市场分割程度会随着财政支出比重、失业率、国有经济比重的上升而恶化，而对外开放水平、物流发展水平、经济发展水平、市场规模和基础设施水平的提高能降低市场分割程度，促进市场整合；②中国省区间市场分割存在正的空间溢出效应，某个省区市场分割水平提高会导致其他省区市场分割水平也提高；③空间溢出效应不仅表现为不同省区间市场分割在空间上的相互影响，而且某一省区的市场分割水平还会受到其他省区相关因素空间溢出的影响。具体地，某一省区的市场分割水平会随着其他省区财政支出比重、对外开放水平、市场规模和基础设施水平的提高而降低，随着其他省区失业率、经济发展水平的提高而提高，而其他省区国有经济比重和物流发展水平的影响可以忽略不计。

为了缓解中国市场分割现状，早日实现区域市场整合，从而充分享受统一市场带来的好处，笔者认为省级地方政府应从如下几个方面着手展开工作：①由于区域间存在空间溢出效应，各省级地方政府在制定和出台相关政策时不应该只考虑该政策在本省区的影响，还应考虑该政策对其他省区的影响以及其他省区对该政策的反应，这样才能提高政策的有效性。为此，各省级地方政府应该建立一个沟通与交流的机制或平台，在政策出台前应进行多方协商与商议；此外，中央政府应该站在全局的高度，从更高的层面起到统一指导和居中协调的作用，这样能从政策层面更好的促进中国省区间的市场整合。②各省级地方政府要按照市场规律科学合理地安排财政支出，削减与市场经济规律不相符的支出，严格控制财政支出规模，最大限度地减轻政府财政支出对市场整合的不利影响。③通过提供再就业培训、充分透明的就业信息、完善的人才交流市场和机制等市场化手段努力降低失业率，这能减轻地方政府在就业问题上的压力，进而在一定程度上削弱地方政府分割市场的动机。④进一步明确地方政府职能，从制度上杜绝地方政府对国有企业经营的干预，使国有企业能真正的完全自主经营。⑤加大地方交通基础设施建设，为省区间的经贸往来提供便利的条件，这可以人为地缓解因空间距离所导致的市场分割。

第五章　市场分割的经济效应分析

在前两章中，笔者对国内市场整合（分割）的测度及其影响因素展开了详细分析。以此为基础，本章主要研究 1999—2018 年国内市场分割的经济效应。① 具体地，笔者在本章中拟分析的经济效应包括以下几个方面：第一，研究市场分割对技术创新的效应。由于中国所取得的令世人瞩目的经济成就，主要是建立在资源和要素大量投入基础上的，并引发了包括资源浪费、环境污染、能源利用效率低下在内的一系列问题。随着资源、能源和环境压力的不断增大，这种以资源投入为主要动力的增长显然是不可持续的。因此，经济转型势在必行，党的十八大已经提出实施创新驱动的重大战略，明确了今后我国经济增长应从资源投入驱动型逐渐过渡到创新驱动型的新发展道路上来。因此，研究市场分割对技术创新的影响及其作用机制就具有积极意义，能为探索我国创新驱动型发展道路贡献一份绵薄之力。第二，在研究市场分割对技术创新影响的基础上，继续分析市场分割、技术创新对

① 出于与上一章相同的原因，本章也是基于市场分割的视角对经济效应所进行的研究。

能源效率的效应。据《BP世界能源统计年鉴2019》的最新资料显示，截止到2018年，中国已连续18年成为全球能源增长的最主要来源。与此同时，有研究显示，中国的能源利用效率与美欧日等发达国家相比有较大差距，甚至落后于巴西等新兴市场国家。在供给侧我国仍然还存在很多"高能耗、高污染、低效率"的落后产能，由于地方保护和市场分割，这些落后产能还将在相当长的一段时间内继续存在下去。因此，如何保证经济增长中的能源供给，满足日益增长的能源需求，以较少能源消耗支撑经济社会的可持续发展，已成为当下我国亟待解决的迫切问题。在所有解决方案中，提高能源效率是最直接、最有效的方法，而技术创新在提高能源利用效率上扮演着至关重要的角色。因此，研究市场分割、技术创新对能源效率的影响及其作用机制就具有重要意义。第三，研究市场分割、技术创新对收入差距的效应。改革开放40多年来，经济和社会发展取得了巨大成就，在这个过程中，虽然居民人均收入水平随着经济增长不断提高，但很多研究和事实都表明我国居民的收入差距过大问题比较严重。收入差距过大不仅与社会主义共同富裕的本质相抵触，而且过大的收入差距还会带来各种经济和社会问题。在这一背景下，研究市场分割和技术创新对收入差距的影响及其作用机制具有重要的理论与现实意义。

5.1　市场分割对技术创新的效应分析

改革开放40多年来，中国经济迅速增长，取得了令世人瞩目的成就。但我们也要看到，中国经济的快速增长主要建立在资源、能源和要素大量投入的基础上，并引发了包括资源浪费、环境污染和能源利用效率低下在内的一系列问题。随着资源、能源和环境压力的不断增大，这种以资源投入为主要动力的增长显然是不可持续的。在这个问题上党中央有着清醒的认识并多次指出改革已进入“深水区”，经济转型势在必行，推动改革继续向前发展的新旧动能转换问题早已提上日程。党的十八大提出实施创新驱动的重大战略，明确了今后我国经济增长应从资源投入驱动型逐渐过渡到创新驱动型的新发展道路上来。2014 年 9 月李克强总理在第十二届夏季达沃斯论坛上也提出，要在 960 万平方公里土地上掀起“大众创业”并形成“万众创新”的新态势。

新经济增长理论指出，创新具有非竞争性的特征，即随着某项技术创新使用人数的增加，并不会减少该项创新对其他人的供给，换句话说，对于一项已有的技术创新成果，增加其供给的边际成本为零，故随着技术创新使用者的增加，其价值能得到更充分的实现（Jones 和 Romer，2010）。创新的非竞争性意味着创新价值会随着市场规模的扩大而增加，同时，较大的市场规模又会促进技术创新。我国拥有巨大的人口规模，理应成为创新水平较高的国家，但现实情况是我国的创新水平在世界范围内处在相对落后的位置上。为什么会这样？究其原因，我国区域市场分割导致了巨大的人口规模并没有形成庞大的市场规模。改革 40 多年来，我国市场化改革虽取得了巨大进步，各种市场壁垒都程度不同地得到了缓解甚至是消除，市场整合程度有所提高，市场环境也有了明显的改善，但阻碍市场整合的体制因素依然存在，原有的“显性分割”已经悄然转变为更隐蔽的“隐性分割”，如环境保护标准、食品安全标准、政府采购本地偏好等。改革进入“深水区”后，进一步推动市场化改革，摆脱市场分割的枷锁，实现全国统一市场的改革道路只会越来越艰难，如果区域市场分割的现状不能得到有效解决，由此造成的创新激励不足、创新资源错配等问题就会成为提升我国创新能力的巨大障碍。

创新对经济增长的重要作用已得到学者们的广泛共识，相关的研究成果也较为丰富。现有研究通常认为创新包括五个方面：技术创新、工艺创新、产品创新、市场创新和组织创新，并指出技术创新是基础，其始终贯穿于工艺、产品、市场和组织创新的过程中。早期学者们对技术创新的研究主要集中在技术创新与企业规模的关系上（Methe，1992；骆品亮，1996；Gregory et al.，2002）。随着时间的推移，技术创新影响因素的研究逐渐细化和多元化。总的来说，可以分为内部因素和外部环境两大类。内部因素的研究主要关注研发投入（Raymond 和 Pierre，2010；周亚虹等，2012；黄菁菁，2019）、所有制性质（温军和冯根福，2012；Aghion et al.，2013；徐珊，2019）和创新效率（杨振兵，2016；余东华和王必好，2020）等因素对技术创新的影响。外部环境的研究主要关注政府财政税收政策（Carboni，2011；杨洋等，2015；曹平和王桂军，2018；邵悦心等，2019）、市场竞争（Correa，2012；张杰等，2014；贾军和魏雅青，2019）、环境保护（刘晔和张训常，2017；齐绍洲等，2018）和产业政策（Rolfo 和 Calabrese，2003；黎文靖和郑曼妮，2016；张海丰和李国兴，2020）等方面如何影响技术创新。

通过以上对国内外研究进行梳理可以发现，现有文献对技术创新进行了较为深入的研究，这为进一步研究技术创新奠定了坚实的理论和实证基础。但也看到现有研究鲜有分析市场分割是如何影响技术创新的。市场分割是否影响技术创新以及如何影响技术创新是一个值得深入研究的问题，这对经济新常态下我国在发展过程中更好实现新旧动能转换、进一步推进市场化改革都具有重要意义。

5.1.1 市场分割对技术创新的影响机理分析

市场环境在技术创新过程中起着至关重要的作用，而区域市场分割通过影响市场环境会对技术创新产生重要影响。具体来说，市场分割通过作用于市场规模、市场竞争、创新资源流动和专业化分工进而影响技术创新。

第一，市场分割抑制了市场规模和有效需求的扩张。技术创新的非竞争性决定了市场规模和有效需求越大，技术创新带来的收益就越多，就越能激发创新。技术创新通常存在一定的固定成本，该固定成本能否在创新成果的售卖过程中收回，很大程度上取决于市场规模和有效需求的大小。如果市场规模不够大，达不到创新的盈亏平衡点，技术创新中所付出的固定成本无法完全弥补，技术创新就不会发生。进入信息化时代以后，技术水平随着经济社会的快速发展而迅速上升，技术创新的复杂性和要求也随之提高，技术创新所需要的固定成本支出也在逐步上升，保证技术创新获利所需的市场规模也越来越大，因此，市场分割对市场规模和有效需求的抑制作用十分不利于技术创新。

第二，市场分割不利于市场竞争，限制了优胜劣汰机制的作用，阻碍了技术创新。竞争型的市场结构有利于激励企业进行技术创新的观点已形成了共识，但地方政府出于利益博弈的需要，对外来企业设置各种壁垒，人为分割市场以保证本地企业的市场份额，使得一些技术落后本该淘汰的本地企业得以继续生存，使得一些企业在不进行技术创新的条件下也能获得不错的收益。虽然从短期和局部来看，地方保护等非市场行为形成的市场分割或许能让本地企业集中更多资源进行技术创新，但从长期和全局来看，区域市场分割却阻碍了市场的有序竞争，使企业通过市场分割获得垄断地位，获取了超额利润，从客观上弱化了进行技术创新的动力。

第三，市场分割阻碍了创新要素的自由流动，降低了创新资源的配置效率。市场分割限制了资金、人才、知识等创新要素的跨区域自由流动，使这些资源无法聚集到效率最高的地区、行业和企业，造成了创新资源的错配，降低了资源的配置和使用效率。现实中，由于区域市场分割的存在，一些由地方政府发起建立的产学研合作机制、专利技术转让交易平台、科研仪器设备共建共享等创新交流与服务平台只能在地方政府所在的行政区划内运行，不同区域间的平台很难实现融合和对接，导致在我国创新资源总量原本就不足的条件下，出现了比较严重的创新资源闲置和浪费现象。

第四，市场分割限制了专业化分工的发展，阻碍了产业结构的优化与升级。斯密指出，专业化分工在很大程度上取决于市场容量的大小。市场规模越大，地区间、行业间和企业间的分工就越深化，专业化分工的发展有利于提高劳动生产率，进而为技术创新创造更好的条件。但现实的情况是区域市场分割和地方保护不仅限制了市场规模的扩大，还加剧了国内不同地区的重复建设，不利于各地结合自身情况充分发挥比较优势，形成产业结构优势互补的有利局面，严重制约了专业化分工的发展，从而抑制了技术创新。

5.1.2 实证模型、变量与数据

5.1.2.1 模型设定

本节中，笔者拟重点分析市场分割对技术创新的影响。由于还有一些因素对技术创新会产生重要影响，如果模型中不包含这些变量将会产生遗漏变量偏差所引起的内生性问题，因此，笔者将这些因素作为控制变量引入模型中来。在后续实证分析中将采用如下的计量模型。

$$Ln(PATENT_{it}) = \alpha + \alpha_i + \beta_1 Ln(MS_{it}) + \sum_{k=1}^{n} \lambda_k CV_{kit} + \varepsilon_{it} \tag{5.1}$$

其中，被解释变量 $Ln(PATENT_{it})$ 表示省区 i 在 t 年的技术创新水平；$Ln(MS_{it})$ 表示省区 i 在 t 年的市场分割程度；CV_{kit} 表示一些对技术创新有重要影响的控制变量；ε_{it} 为随机误差项；α_i 表示个体效应。一般来说，个体效应 α_i 对被解释变量会产生影响，但通常无法通过观测获取，这种情况下如果忽略个体效应，使用常用的最小二乘法进行混合回归分析可能会产生遗漏变量偏差，使估计得到系数是有偏且非一致的。因此，在后续实证分析时，笔者

将使用面板设定F检验对混合回归和个体效应模型进行判断选取；此外，如果模型中的解释变量与个体效应 α_i 相关，则应使用固定效应模型（FE，Fixed Effects），反之，就应使用随机效应模型（RE，Random Effects），后续分析中将采用 Hausman 检验对固定效应和随机效应进行选择。

5.1.2.2　变量与数据

1. 被解释变量

专利申请和新产品销售收入是现有文献衡量技术创新水平的主要指标。相较于新产品销售收入，笔者认为用专利申请反映技术创新水平的说服力更强。专利申请可分为专利申请授权数和专利申请受理数这两个有关联的指标，相对于专利申请受理数，专利申请授权数更有利于反映实际的创新水平（齐绍洲等，2018）。故笔者将采用专利申请授权数来衡量技术创新水平，并将专利申请受理数用于稳健性检验。此外，专利由发明专利、实用新型专利和外观设计专利构成，因此，后续实证分析还将细分不同类别的专利作为被解释变量进行稳健性检验。

2. 核心解释变量

核心解释变量为市场分割水平，依然使用第三章中的价格法计算得到（考虑到价格法相对于其他测度方法具有更多的优点，本章后续实证分析中的市场分割水平数据均是基于价格法测度得到的）。图5.1中，给出了反映技术创新与市场分割两者间关系的散点图，从散点图能明显看出两者之间的负相关关系，即市场分割不利于技术创新水平的提高。当然，这一初步结论还需在后续分析中加以详细论证。

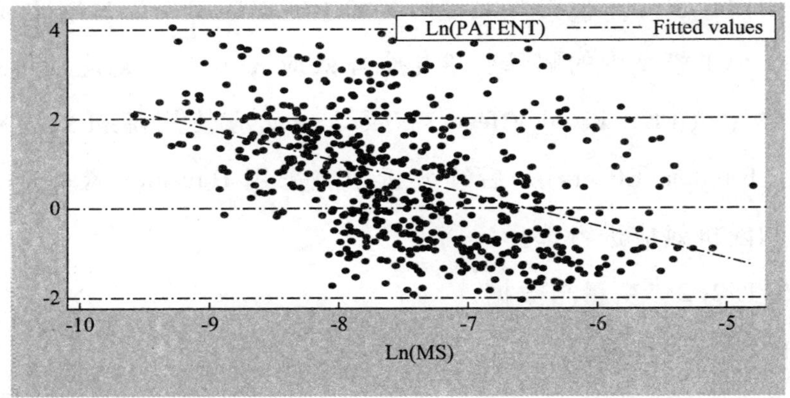

图 5.1　技术创新与市场分割的散点图

3. 控制变量

为了防止遗漏变量偏差带来的内生性问题，在相关经济理论和查阅有关文献的基础上，笔者将各省区 R&D 经费支出占比（以下简称为 R&D 经费）、每万人 R&D 人员全时当量（以下简称为 R&D 人员）、人均受教育年限、社会消费品零售总额、人均地区生产总值、科技经费筹集总额中来源于政府的比例（以下简称为科技经费政府占比）、科技经费筹集总额中来源于企业的比例（以下简称为科技经费企业占比）这几个对技术创新有重要影响的控制变量引入模型。

R&D 经费（*RDE*）和 R&D 人员（*RDFT*）分别表示技术创新中资金和人员投入。这两个变量可用于衡量创新要素的投入水平。创新要素投入越多，能够产生越多的创新产出，越有利于创新水平的提高。

人均受教育年限（*EDU*）用来表示受教育程度的高低。与受教育程度有密切关系的人员素质是技术创新中关键因素，高技能、高素质的专业化人才在技术创新中起到了越来越重要的作用。

社会消费品零售总额（*RETAIL*）表示市场规模。技术创新通常存在较高的固定成本，该固定成本能否在创新成果的售卖过程中收回，很大程度上取决于市场规模的大小。市场规模越大，技术创新带来的收益就越多，就越能激发创新。

人均地区生产总值（*PGDP*）用来反映经济发展水平。已有研究表明，经济发展能促进技术进步，技术创新通常会随着经济发展水平的提高而提高。

科技经费政府占比（*GOV*）和科技经费企业占比（*ENP*）分别表示政府和企业在创新活动中的参与程度。有研究表明，政府对创新活动的资助会在一定程度上挤出企业的创新投入，从而降低创新效率和创新产出（杨振兵，2016）。

后续实证分析中除了人均受教育年限（*EDU*）、科技经费政府占比（*GOV*）和科技经费企业占比（*ENP*）这三个变量外，其他变量都进行了自然对数处理，所有名义变量都按2000年的不变价格水平进行了平减。实证分析中所使用的变量名、变量定义、数据来源等信息汇总列示于表5.1。

表5.1　变量表

变量名	变量定义	数据来源
Ln（*PATENT*）	专利申请授权数的对数	中经网统计数据库、国家统计局数据库
Ln（*MS*）	市场分割程度的对数	按照价格法计算得到
Ln（*RDE*）	R&D经费支出占GDP比重的对数	《中国科技统计年鉴》《中国统计年鉴》
Ln（*RDFT*）	每万人R&D人员全时当量的对数	《中国科技统计年鉴》《中国统计年鉴》

续表

变量名	变量定义	数据来源
EDU	人均受教育年限	（文盲人口数×0＋小学程度人口数×6＋初中程度人口数×9＋高中程度人口数×12＋大学以上程度人口数×16）/6岁以上人口数，各种受教育程度人口数据来源于《中国统计年鉴》
Ln（*RETAIL*）	社会消费品零售总额的对数	国研网统计数据库、国家统计局数据库
Ln（*PGDP*）	人均地区生产总值的对数	《中国统计年鉴》
GOV	科技经费筹集总额中来源于政府的比例	《中国科技统计年鉴》、EPS数据平台
ENP	科技经费筹集总额中来源于企业的比例	《中国科技统计年鉴》、EPS数据平台

5.1.3 实证分析

5.1.3.1 基准回归分析

前文曾指出需要对混合回归和个体效应、固定效应和随机效应模型分别采用面板设定F检验和Hausman检验进行判断选择，检验结果见表5.2。面板设定F检验在1%的水平上都是显著的，故拒绝混合回归而应选择个体效应模型；Hausman检验也至少在5%的水平上显著，表明应拒绝随机效应而选择固定效应。

首先，笔者只在模型中引入核心解释变量市场分割程度，[①] 结果见表5.2第2列所示。市场分割程度的系数为负，且在1%的水平下显著，这表明市场分割对技术创新有显著的抑制作用，具

---

① 笔者也曾将市场分割程度的二次项引入模型以探究其对技术创新的非线性影响，但其二次项系数并不显著，故模型最终没有包含市场分割的二次项。

体地，市场分割程度提高1%会导致创新水平下降0.919%，进一步验证了前述从散点图中得到的结论。表5.2第3列中，笔者将R&D经费和R&D人员这两个表示创新要素投入的控制变量引入模型，结果发现这两个变量的系数均为正，分别在5%和1%的水平下显著，R&D经费和R&D人员增加1%，会导致创新水平分别提高0.531%和1.933%，说明在创新要素投入中，创新性人才起着主导作用。在表5.2第4列中，笔者将人均受教育年限加入模型，结果显示其系数在1%的水平上显著为正，表明人均受教育年限对技术创新有显著的促进作用，人均受教育年限提高一年，会促使创新水平上升0.69%。表5.2第5列中，笔者将表示市场规模的社会消费品零售总额引入模型，结果发现其估计系数显著为正，社会消费品零售总额增加1%，会使创新水平提高1.093%，这为前述市场规模激发创新的机制提供了经验证据。在表5.2第6列中，笔者将反映经济发展水平的人均GDP加入到模型中，结果显示其系数在5%的水平上显著为正，说明经济发展水平的提高有利技术创新，具体地，人均GDP提高1%，会使创新水平提高0.407%。最后，表5.2第7列中，笔者将科技经费政府占比和科技经费企业占比这两个控制变量加入模型，结果发现科技经费政府占比的系数在5%的水平上显著为负，说明科技经费政府占比越高就越不利于技术创新，这很有可能是因为政府创新活动的效率比企业低，并且政府创新投入对企业创新投入存在挤出效应造成的；科技经费企业占比的系数为正，且在1%的水平下显著，表明科技经费企业占比越高就越能促进技术创新水平的提高。在表5.2第3~7列逐步加入控制量的过程中，核心解释变量的系数始终保持为负，且至少在5%的水平上显著，这在某种程度上说明研究得到的结论具有较高的可靠性。

表5.2 基准回归分析

变量	FE	FE	FE	FE	FE	FE
Ln（*MS*）	-0.919***	-0.738***	-0.677***	-0.514**	-0.326**	-0.375***
	(0.039)	(0.047)	(0.029)	(0.235)	(0.151)	(0.117)
Ln（*RDE*）		0.531**	0.652***	0.416***	0.416**	0.283*
		(0.256)	(0.175)	(0.147)	(0.187)	(0.144)
Ln（*RDFT*）		1.933***	1.363***	0.589**	0.589***	0.588***
		(0.192)	(0.189)	(0.276)	(0.176)	(0.179)
EDU			0.690***	0.613**	0.681**	0.623*
			(0.091)	(0.269)	(0.276)	(0.298)
Ln（*RETAIL*）				1.093***	1.181**	1.036**
				(0.103)	(0.507)	(0.394)
Ln（*PGDP*）					0.407**	0.388*
					(0.174)	(0.198)
GOV						-0.767**
						(0.331)
ENP						0.521***
						(0.159)
常数项	-6.198***	-8.262***	-11.50***	-11.22***	-10.91***	-10.85***
	(0.296)	(1.783)	(1.355)	(0.989)	(1.212)	(1.474)
样本容量	600	600	600	600	600	600
R^2	0.514	0.833	0.881	0.930	0.931	0.934
面板设定 *F* 检验	36.11	16.6	31.25	42.74	22.54	23.12

续表

变量	FE	FE	FE	FE	FE	FE
P值	[0.0000]	[0.0000]	[0.0000]	[0.0000]	[0.0000]	[0.0000]
Hausman 检验	19.39	11.2	56.73	106.45	68.86	59.03
P值	[0.0001]	[0.0244]	[0.0000]	[0.0000]	[0.0000]	[0.0000]

注：（　）内的数值表示估计系数的聚类稳健标准误；[　] 内的数值表示对应检验统计量的P值；***、**、* 分别表示在1%、5%、10%的显著性水平下该系数是显著的，下同。

5.1.3.2　稳健性检验

1. 工具变量与替换被解释变量

（1）工具变量

前述分析中通过采用个体效应和在模型中加入对被解释变量有重要影响的控制变量虽然能够避免遗漏变量偏差带来的内生性问题，但被解释变量也有可能影响模型中的一个或多个解释变量，从而产生联立性（即解释变量和被解释变量存在双向影响）偏差带来的内生性问题，这同样会使模型的估计系数产生偏误。此时，常用的解决办法是寻找与模型中解释变量相关但与随机误差项不相关的工具变量（IV，Instrument Variable）。虽然寻找好的工具变量通常比较困难，但对于面板数据而言，可以使用解释变量的滞后值作为工具变量。一方面，解释变量的当期值和滞后值的相关性通常较高，另一方面，被解释变量的当期值不会影响解释变量的前期值，故采用解释变量的滞后值作为工具变量是一个不错的选择。在表5.3中第2列中，笔者将各解释变量的滞后一期值作为工具变量引入模型，与表5.2第7列的基准回归分析相比，所有变量估计系数的符号都保持不变，各变量系数的显著性变化较小（由于考虑了联立性偏差带来的内生性问题，少数几个变量系数的显著性甚至有所提高）。这表明实证分析结果的稳健性较好（为了避免联立性偏差，后续实证分析中所有解释变量都将进行一期滞后处理）。

（2）替换被解释变量

前文曾提出技术创新水平除了可以用专利申请授权数衡量外，还可以用专利申请受理数和细分的专利申请授权数来衡量（考虑到外观设计专利的创新性较弱，分析中只采用了发明专利和实用新型专利）。接下来，笔者将被解释变量分别替换为专利申请受理数、发明专利申请授权数、实用新型专利申请授权数来进行稳健性检验，结果如表5.3第3~5列所示。与表5.2第7列的基准回归结果相比，市场分割程度的系数符号均保持为负，系数显著性没有大的变化，各控制变量的系数符号与基准回归结果相同，系数显著性变化也不大，这说明模型在总体上保持了较好的稳健性。另外，比较表5.3第4和第5列市场分割程度的系数可知，相对于实用新型专利，市场分割对发明专利的阻碍作用更大，这意味着专利的创新性越强，其受到市场分割的制约作用就越大，这同时也说明创新程度越高的技术创新，需要更好的市场环境条件作为保障。

表5.3　稳健性检验 I

变量	专利授权量	专利受理量	发明专利授权量	实用新型专利授权量
	IVFE	IVFE	IVFE	IVFE
Ln（*MS*）	-0.314***	-0.281**	-0.409***	-0.340***
	(0.077)	(0.124)	(0.069)	(0.098)
Ln（*RDE*）	0.248**	0.365*	0.351***	0.286*

续表

变量	专利授权量	专利受理量	发明专利授权量	实用新型专利授权量
Ln（RDE）	(0.118)	(0.205)	(0.113)	(0.141)
Ln（RDFT）	0.458***	0.534***	0.728***	0.599***
	(0.165)	(0.177)	(0.175)	(0.178)
EDU	0.749*	0.716**	0.506*	0.115*
	(0.382)	(0.332)	(0.266)	(0.059)
Ln（RETAIL）	0.954***	0.742***	0.608**	1.267***
	(0.218)	(0.234)	(0.282)	(0.248)
Ln（PGDP）	0.325*	0.503*	0.446**	0.361*
	(0.168)	(0.265)	(0.189)	(0.193)
GOV	-0.924**	-1.105**	-1.476**	-0.723**
	(0.411)	(0.471)	(0.570)	(0.299)
ENP	0.328***	0.474***	0.520***	0.355***
	(0.110)	(0.125)	(0.178)	(0.122)
常数项	-11.09***	-10.42***	-13.48***	-11.31***
	(1.506)	(1.769)	(1.969)	(1.511)
样本容量	570	570	570	570
R^2	0.940	0.936	0.945	0.941
面板设定 F 检验	25.18	18.75	15.35	21.04
P 值	[0.0000]	[0.0000]	[0.0000]	[0.0000]
Hausman 检验	52.10	42.95	64.07	68.79
P 值	[0.0000]	[0.0000]	[0.0000]	[0.0000]

2. 按地区和时间分组

(1) 按地区分组

由于我国幅员辽阔，不同地区的情况千差万别，因此，有必要展开不同地区的分析以检验模型的地区稳健性。下面将30个省区的全国样本分成东、中、西部地区三个子样本分别进行估计，结果见表5.4第2～4列。相比于基准回归分析，东、中、西部地区子样本回归中，市场分割程度的估计系数依然全部保持为负，估计系数的显著性基本没有变化，各控制变量系数的符号与基准回归分析相同。虽然某些控制变量系数的显著性出现了一定程度的变化（主要表现为一些变量的显著性有所下降，中西部地区少数几个变量甚至变得不再显著，笔者认为这应该与样本容量的大幅减少有很大关系），但多数变量的显著性都保持不变，这表明对不同地区子样本进行回归所得分析结果的稳健性依然较好。另外，从估计结果可以发现市场分割对不同地区技术创新的影响存在差异，市场分割对中西部地区技术创新的抑制作用更大，对东部地区的不利影响相对小一些。笔者认为，这主要是因为东部地区大多为经济较发达的省（市），经济发展水平的领先，给这些省（市）的市场化改革提供了较好的条件，促使这些省（市）的市场化改革走在全国的前列，地方政府采用行政化手段干预市场运行的程度较轻，使得这些省（市）的地方保护和市场分割程度也较轻，因此，市场分割对技术创新的不利影响相对较小。

（2）按时间分组

一些学者的研究表明我国税制改革过程中的营业税改征增值税（以下简称“营改增”）对企业创新有重要影响（曹平和王贵军，2018；绍悦心等，2019），这意味着“营改增”前后两个时期的技术创新可能出现趋势上的变化，因此，有必要对“营改增”前后两个时期的子样本分别进行分析，以检验模型的时期稳健性。"营改增"改革最初于2012年1月1日在上海的交通运输业和部分现代服务业中试点，直到2014年1月1日才逐渐推广到其他主要服务业上，并在全国范围内展开，因此，笔者以2014年为时间节点将样本划分为前后两个子样本进行分析，分析结果见表5.4第5、6列。同基准回归结果相比，"营改增"改革前后两个子样本中，市场分割程度的系数依然为负，系数显著性没有发生变化，各控制变量的系数符号保持不变。但系数的显著性出现了一些变化（主要表现为"营改增"改革后的子样本中，部分控制变量的估计系数显著性有所下降，这应该是样本容量大幅减少造成的）。总的来看，不同时期子样本回归分析结果的稳健性依然良好。对比"营改增"改革前后两个子样本中市场分割程度的系数可知，"营改增"改革后，市场分割程度对技术创新的阻碍作用有所减弱，其原因在于实行"营改增"改革后，企业创新能够获得更高的收益，这对企业产生了更大的创新激励作用，从而在一定程度上缓解了市场分割对技术创新的抑制作用。

表5.4　稳健性检验Ⅱ

变量	东部	中部	西部	"营改增"前	"营改增"后
	IVFE	IVFE	IVFE	IVFE	IVFE
Ln（*MS*）	-0.279***	-0.638***	-0.636***	-0.408***	-0.335***
	(0.069)	(0.035)	(0.053)	(0.129)	(0.102)
Ln（*RDE*）	0.342*	0.237	0.286	0.303*	0.278*
	(0.182)	(0.359)	(0.274)	(0.160)	(0.137)
Ln（*RDFT*）	0.378**	0.812*	0.538**	0.509***	0.249*
	(0.150)	(0.386)	(0.224)	(0.173)	(0.121)
EDU	0.391*	0.389*	0.267	0.523**	0.297

续表

变量	东部	中部	西部	“营改增”前	“营改增”后
	IVFE	IVFE	IVFE	IVFE	IVFE
EDU	(0.198)	(0.193)	(0.182)	(0.225)	(0.216)
Ln (*RETAIL*)	0.893**	1.035**	1.382**	0.994**	0.786*
	(0.411)	(0.472)	(0.568)	(0.415)	(0.382)
Ln (*PGDP*)	0.552*	0.355	0.744*	0.275*	0.430*
	(0.255)	(0.269)	(0.371)	(0.145)	(0.202)
GOV	-1.091*	-1.582**	-2.191**	-1.426**	-0.926*
	(0.546)	(0.626)	(0.871)	(0.605)	(0.470)
ENP	1.383***	1.294**	0.773***	0.578***	0.453***
	(0.380)	(0.505)	(0.233)	(0.205)	(0.127)
常数项	-6.880***	-6.607***	-12.04***	-9.838***	-11.12***
	(1.858)	(1.329)	(1.373)	(1.478)	(2.574)
样本容量	209	152	209	420	150
R^2	0.959	0.945	0.951	0.906	0.813
面板设定 *F* 检验	35.21	11.74	72.21	24.40	19.68
P值	[0.0000]	[0.0000]	[0.0000]	[0.0000]	[0.0000]
Hausman 检验	47.32	53.86	70.49	63.18	54.06
P值	[0.0000]	[0.0000]	[0.0000]	[0.0000]	[0.0000]

3. 按市场分割和创新水平分组

(1) 按市场分割程度分组

本小节中，笔者将样本按照市场分割程度进行划分，以探究不同市场分割程度条件下分析结果的稳健性。具体地将各省区20

年平均的市场分割程度从低到高排序，市场分割程度较低的15个省区构成低市场分割程度组，其他15个省区构成高市场分割程度组，分析结果见表5.5第2、3列。对比基准回归分析结果可知，市场分割程度的系数符号和显著性都保持不变，各控制变量的系数符号与基准回归分析相同，除了少数几个变量系数的显著性有所变化外，多数变量的系数显著性没有变化，这表明在不同市场分割程度条件下，分析结果依然是稳健的。从估计结果可知，低市场分割程度组中的市场分割对技术创新产生的制约作用相对较小，其原因在于低市场分割程度组中的样本主要来自于东部地区，根据前述分地区的分析结果，此处得到这一结论并不意外，这也从另一个侧面佐证了之前按地区分组的分析结果。

（2）按技术创新水平分组

笔者将样本按照技术创新水平的高低进行划分，以探究不同技术创新水平条件下分析结果的稳健性。将各省区20年平均的技术创新水平从低到高排序，技术创新水平较低的15个省区构成低创新水平组，另外15个省区构成高创新水平组，分析结果见表5.5第4、5列。与基准回归分析结果相比，市场分割程度的系数符号及其显著性都保持不变，各控制变量的系数符号保持不变，虽然有几个变量的系数显著性出现了变化，但总的来说，变化并不大，这说明在不同技术创新水平条件下，分析结果依然稳健。对比高低两个创新水平组可知，在高创新水平组中，市场分割对技术创新的抑制作用较小，其原因在于高创新水平组中的省区通常是经济较为发达的地区，其经济转型发展的改革步伐走在全国前列，通过创新引领经济发展的需求也更为强烈，因此为技术创新提供了更完善的制度和环境保障，这在很大程度上缓解了市场分割对技术创新的不利影响。

表 5.5 稳健性检验Ⅲ

变量	低分割程度	高分割程度	低创新水平	高创新水平
	IVFE	IVFE	IVFE	IVFE
Ln（*MS*）	-0.368***	-0.595***	-0.676***	-0.352***
	(0.125)	(0.141)	(0.145)	(0.114)
Ln（*RDE*）	0.192**	0.277*	0.150	0.354*
	(0.076)	(0.141)	(0.151)	(0.173)
Ln（*RDFT*）	0.672**	0.375**	0.447*	0.637**
	(0.290)	(0.174)	(0.231)	(0.254)
EDU	0.533*	0.739*	0.688*	0.850*
	(0.284)	(0.378)	(0.362)	(0.405)
Ln（*RETAIL*）	1.332***	1.013***	1.466***	1.251***
	(0.190)	(0.095)	(0.200)	(0.150)
Ln（*PGDP*）	0.396*	0.289	0.365*	0.466**
	(0.220)	(0.191)	(0.194)	(0.211)
GOV	-0.578**	-0.865***	-0.345**	-0.608**
	(0.261)	(0.197)	(0.153)	(0.271)
ENP	0.551***	0.474**	0.465***	0.934***
	(0.191)	(0.215)	(0.151)	(0.237)
常数项	-10.97***	-9.946***	-10.46***	-12.17***
	(2.125)	(1.588)	(1.627)	(1.892)
样本容量	285	285	285	285
R^2	0.944	0.951	0.937	0.953

续表

变量	低分割程度	高分割程度	低创新水平	高创新水平
面板设定 F 检验	19.28	50.50	44.09	33.64
P 值	[0.0000]	[0.0000]	[0.0000]	[0.0000]
Hausman 检验	67.60	32.23	78.18	70.63
P 值	[0.0000]	[0.0001]	[0.0000]	[0.0000]

5.1.3.3　进一步的分析

现实中有些因素对技术创新虽没有直接影响，但它们可以通过影响市场分割来间接影响技术创新。某些因素会加剧市场分割对技术创新的抑制作用；而另一些因素则会缓解市场分割对技术创新的阻碍作用。

1. 地方保护的间接影响

在我国现有的财政分权和官员晋升体制下，出于本地利益和自身仕途的考虑，地方政府官员会倾向于实施地方保护政策干预市场运行，从而人为地分割市场。由于直接测度地方保护程度比较困难，笔者借鉴洪勇和许统生（2016）的做法，从政府实施地方保护的动机和手段上进行间接测度。地方政府实施保护通常有两个目的：一是增加地方政府财政收入，二是降低本地失业率。而地方政府实施保护通常借助财政支出这个重要手段，财政支出占地区生产总值的比重越大，地方政府通过保护政策干预市场运行的资金就越有保障。干预的范围就越广，涉及的程度就越深。此外，还有学者认为保护国有企业既是地方政府实施保护政策的目的，同时，国有企业也为地方保护提供了载体和手段（张宇，2018）。下面，笔者将探究地方政府财政收入占比、失业率、地方政府财政支出占比和国有经济占比这几个变量是如何通过市场分割间接影响技术创新的。研究变量的间接影响一般是通过引入交叉乘积项来进行的，但笔者并没有直接引入这些变量与市场分割程度的交叉乘积项，而是将这些变量先进行虚拟变量化处理，然后再引入。以政府财政收入占比为例，笔者将各省区20年平均的政府财政收入占比从低到高排序，政府财政收入占比取值较低的15个省区，该变量的取值为0，反之其值为1（其他几个变量也按此处理，不再累述；地方政府财政收入占比、失业率、地方政府财政支出占比和国有经济占比虚拟变量化后的变量名分别为*FR_DV*、*UNEMP_DV*、*FE_DV*、*SOE_DV*）。引入交叉乘积项后的估计结果见表5.6。由表5.6第2～5列的估计结果可知，依次加入交叉乘积项后，市场分割依然对技术创新产生了显著的抑制作用，各虚拟变量与市场分割程度的交叉乘积项系数均为负，并至少在10%的水平上显著，这表明地方政府财政收入占比、失业率、地方政府财政支出占比和国有经济占比较高的省区会加剧市场分割对技术创新的抑制作用。

表5.6　地方保护对技术创新的间接影响

变量	IVFE	IVFE	IVFE	IVFE
Ln（*MS*）	−0.214**	−0.269***	−0.688***	−0.690**
	(0.082)	(0.078)	(0.145)	(0.304)
FR_DV×*Ln*（*MS*）	−0.167***			
	(0.051)			
UNEMP_DV×*Ln*（*MS*）		−0.777*		
		(0.391)		

续表

变量	IVFE	IVFE	IVFE	IVFE
FE_DV × Ln (MS)			-0.163**	
			(0.070)	
SOE_DV × Ln (MS)				-0.173**
				(0.064)
其他控制变量	控制	控制	控制	控制
常数项	-10.80***	-10.88***	-11.25***	-11.28***
	(1.425)	(1.350)	(1.362)	(1.326)
样本容量	570	570	570	570
R^2	0.940	0.941	0.943	0.943
面板设定 F 检验	29.57	38.14	40.14	40.27
P 值	[0.0000]	[0.0000]	[0.0000]	[0.0000]
Hausman 检验	108.76	107.76	125.41	124.77
P 值	[0.0000]	[0.0000]	[0.0000]	[0.0000]

注：为节约篇幅，表中仅给出了核心解释变量市场分割程度和交叉乘积项的估计结果，其他控制变量系数从略，有需要的读者可以向笔者索取。

2. 经济发展的间接影响

经济在发展过程中必然会对市场分割造成重要影响。经济发展是一个复杂的系统，包含了很多方面，本小节将重点探讨对外开放（用贸易依存度和外商直接投资占比表示）、基础设施（用每平方千米的公路里程表示）和物流发展水平（用人均货运量表示）这些经济发展过程中的重要方面，是如何通过市场分割间接影响技术创新的。与上面的分析一样，笔者先将这几个因素进行虚拟变量化处理（处理过程与前述分析相同，也是先排序，取值较低的 15 个省区该变量的取值为 0，反之其值为 1，虚拟变量化后

的变量名分别为 *TRADE_DV*、*FDI_DV*、*INFRA_DV*、*LOGIS_DV*），然后引入虚拟变量与市场分割程度的交叉乘积项，分析结果见表5.7。由表5.7第2~5列的估计结果可知，市场分割对技术创新的抑制作用依然很显著，各虚拟变量与市场分割程度的交叉乘积项系数均为正，且至少在10%的水平上显著，这说明对外开放、基础设施和物流发展水平较高的省区能缓解市场分割对技术创新的阻碍作用。

表5.7　经济发展对技术创新的间接影响

变量	IVFE	IVFE	IVFE	IVFE、
Ln（*MS*）	-0.724**	-0.992***	-0.977***	-0.360**
	(0.303)	(0.147)	(0.164)	(0.157)
TRADE_DV×*Ln*（*MS*）	0.113*			
	(0.065)			
FDI_DV×*Ln*（*MS*）		0.165**		
		(0.063)		
INFRA_DV×*Ln*（*MS*）			0.159***	
			(0.052)	
LOGIS_DV×*Ln*（*MS*）				0.172**
				(0.068)
其他控制变量	控制	控制	控制	控制
常数项	-11.70***	-11.61***	-11.67***	-10.81***
	(1.475)	(1.427)	(1.436)	(1.573)
样本容量	570	570	570	570
R^2	0.942	0.943	0.943	0.941
面板设定 *F* 检验	21.32	26.21	27.31	25.13

续表

变量	IVFE	IVFE	IVFE	IVFE
P 值	[0.0000]	[0.0000]	[0.0000]	[0.0000]
Hausman 检验	55.52	61.17	69.23	58.63
P 值	[0.0000]	[0.0000]	[0.0000]	[0.0000]

注：为节约篇幅，表中仅给出了核心解释变量市场分割程度和交叉乘积项的估计结果，其他控制变量系数从略，有需要的读者可以笔者索取。

3. 动态面板分析

有研究表明技术创新具有“路径依赖特征”（杨振兵，2016），即前期的技术创新成果为后期的技术创新奠定了更好的知识基础，使技术创新表现出“惯性”特征。“惯性”特征可以通过将技术创新的滞后期作为解释变量引入模型来加以刻画，这时就需要运用动态面板模型进行分析。由于解释变量中包含了被解释变量的滞后期，使模型再次产生了内生性问题，这种情况下即使采用前述那些针对内生性的方法也无法解决。Arellano 和 Bond（1991）提出可以采用差分广义矩估计（GMM）来解决动态面板模型中的内生性问题，即对水平方程（原模型）先进行一阶差分，然后再将被解释变量的二阶或更高阶滞后项作为工具变量来进行估计。使用差分 GMM 进行估计需要满足两个条件：一是水平方程中的随机干扰项不存在自相关，这意味着在差分方程中随机干扰项的一阶差分只存在一阶自相关，不能存在二阶以上的自相关；二是差分方程中的工具变量是有效的，即工具变量与随机干扰项不相关。这两个条件可以分别用 Arellano – Bond 检验和过度识别 Hensen 检验加以判别。[①] 表 5.8 第 2、3 列给出了差分 GMM 的分析结果，第 2 列只含有被解释变量的滞后一期值和核心解释变量，第 3 列将控制变量加入其中。结果表明，被解释变量滞后一期值的系数都显著为正，表明技术创新确实存在“惯性”特征，前期的技术创新成果作为知识积累对后期的创新有显著的促进作用。市场分割的系数都显著为负，其对技术创新依然具有显著的阻碍作用。Arellano – Bond 检验结果表明，差分方程中残差的一阶差分只存在一阶自相关，不存在二阶自相关，说明水平方程中的随机干扰项没有自相关；Hensen 检验的结果说明工具变量是有效的，不存在与随机干扰项的相关。

差分 GMM 虽能解决动态面板模型的内生性问题，但也可能存在弱工具变量问题，从而降低估计效率。Blundell 和 Bond（1998）通过在差分方程中加入水平方程，并用被解释变量的差分滞后项作为工具变量以解决水平方程中被解释变量滞后项的内生性问题，然后将差分方程和水平方程作为一个方程系统进行估计，这就是所谓的系统 GMM 估计。引入水平方程后系统 GMM 能解决差分 GMM 的弱工具变量问题，故能提高估计效率。同差分 GMM 一样，使用系统 GMM 进行估计也需要满足前述两个条件。表 5.8 第 4、5 列给出了系统 GMM 的分析结果，第 4 列只含有被解释变量的滞后一期值和核心解释变量，第 5 列将控制变量加入其中。系统 GMM 的估计结果与差分 GMM 差别不大，被解释变量滞后一期值的系数都显著为正，表明技术创新确实存在“惯性”特征。

---

① 过度识别检验也可以用 Sargan 检验进行判断，但 Sargan 检验在模型存在异方差和自相关时是非稳健的。

市场分割的系数都显著为负，其对技术创新依然具有显著的抑制作用。Arellano－Bond 和 Hensen 检验表明，随机干扰项不存在自相关且工具变量都是有效的。

表 5.8　动态面板分析

变量	差分 GMM	差分 GMM	系统 GMM	系统 GMM
被解释变量滞后一期	0.908***	0.571***	0.943***	0.618***
	(0.135)	(0.186)	(0.049)	(0.155)
Ln（*MS*）	－0.785***	－0.323**	－0.716***	－0.378***
	(0.256)	(0.142)	(0.215)	(0.125)
Ln（*RDE*）		0.216*		0.278**
		(0.118)		(0.115)
Ln（*RDFT*）		0.939**		0.894**
		(0.419)		(0.368)
EDU		0.316*		0.294*
		(0.163)		(0.146)
Ln（*RETAIL*）		0.787*		1.213***
		(0.408)		(0.151)
Ln（*PGDP*）		0.382**		0.297***
		(0.164)		(0.103)
GOV		－0.652***		－1.251***
		(0.174)		(0.135)
ENP		0.481**		0.350***
		(0.205)		(0.112)
常数项	－0.370***	－7.376***	－0.338***	－6.988***
	(0.080)	(2.165)	(0.065)	(2.252)

续表

变量	差分 GMM	差分 GMM	系统 GMM	系统 GMM
样本容量	540	540	570	570
AR（1）	[0.0011]	[0.0072]	[0.0002]	[0.0083]
AR（2）	[0.4891]	[0.6697]	[0.4588]	[0.6651]
Hansen 检验	[0.5909]	[0.5189]	[0.6352]	[0.6017]

5.1.4 本节小结

本节基于中国30个省区1999—2018年的省级面板数据，分析了省区层面的市场分割对技术创新的影响及其作用机制，研究结果显示：①市场分割对技术创新有明显的抑制作用，各种稳健性检验都支持这一结论；②技术创新水平随着创新要素投入、受教育程度、市场规模、经济发展水平、企业参与创新程度的提高而提高，随着政府参与创新程度的提高而降低；③地方政府保护会加剧市场分割对技术创新的抑制作用，而推动经济发展的一些因素则可以缓解市场分割对技术创新的阻碍作用；④动态面板的分析结果表明，技术创新具有明显的“惯性”特征。

为了有效促进技术创新，基于以上研究结论，笔者认为应该在以下几方面采取有针对性的政策和措施。第一，尽快打破地方保护和市场分割现状，加快全国市场整合进程。各地方政府应该摒弃本地思维、克服利益短视，尽可能减少使用行政命令来干预市场运行，以减少人为的市场分割现象；各级政府要加大基础设施投入，为培育现代化的物流企业创造有利条件，降低商品流通过程中的成本，减少商品跨区域流动的障碍，从而降低市场分割程度；地方政府应按照市场化改革的要求规范政府行为，中央政府应站在更高的层面进行顶层设计、居中协调，以加快市场一体化建设，扩大市场规模，从而增强微观经济主体的创新动力。第二，地方政府应认清自身在技术创新活动中的作用，尽量避免用“运动员”的身份参与技术创新活动，以减轻对微观经济主体创新活动的“挤出效应”。第三，应努力为创新活动提供优质的“后勤服务”，创造良好的创新环境和条件。各级地方政府应尽快出台并切实执行促进技术创新的各项政策，引导企业、大专院校、研究机构等微观主体加大创新资金和人才投入，设立专项创新基金，对微观主体的基础科学研究和重大创新成果进行补贴和奖励，搭建促进企业、大专院校、研究机构产学研合作平台，提高科技创新成果的转化效率。第四，继续加大教育投入力度。教育能显著提高全民素质，进而能为技术创新提供人才保障。各级政府要努力保证在教育投入上的增速不应低于经济增长的速度，保证学龄儿童都能 100% 入学，采取各种有效措施防止失学和辍学现象的发生；同时，要促进继续教育和职业教育的发展，努力为技术创新培养不同层次的各种人才。

5.2　市场分割与技术创新对能源效率的效应分析

改革开放以来，中国经济持续高速增长，成为世界经济发展进程中的“中国奇迹”。但我们应该看到，中国经济持续高速增长在很大程度上是以资源和能源巨大消耗为代价的。目前中国已是全球最大的能源生产和消费国，据《BP世界能源统计年鉴2019》的最新资料显示，2018年中国仍然是世界是最大的能源消费国，占世界能源消费量的24%和世界能源消费增长的34%，中国已连续18年成为全球能源增长的最主要来源。与此同时，有研究表明虽然中国的能源利用效率在近年来有所提高，但与美欧日等发达国家相比仍有较大差距，甚至也落后于巴西等新兴市场国家（张德钢和陆远权，2017）。在供给侧我国仍然还存在很多“高能耗、高污染、低效率”的落后产能，由于地方保护和市场分割，这些落后产能还将在相当长的一段时间内继续存在下去，这会在经济增长过程中对能源需求造成较大压力。在这一背景下，如何保证经济增长中的能源供给，满足日益增长的能源需求，缓解能源消费过程中导致的气候变化和环境污染等问题，以较少能源消耗支撑经济社会的可持续发展，已成为当下我国亟待解决的迫切问题。

在所有解决方案中，提高能源效率是最直接、最有效的方法。在“十三五”规划中，中央就提出要进一步提高能源使用效率，并明确了到2020年单位GDP能耗在2015年的基础上降低15%的目标。提高能源效率不仅有助于实现节能减排和可持续发展，促进绿色环保技术改革；而且，能源效率的提高是转变增长方式的重要标志，也是优化要素资源配置，提高生产率的关键环节（魏楚和郑新业，2017）。

近年来，关于能源效率的研究一直是学者们关注的焦点，研究主要集中在测度能源效率和能源效率影响因素这两个方面上。就能源效率的测度而言，现有研究往往围绕着单要素和全要素能源效率两种方法展开。单要素能源效率通常使用实际产出与能源消费量之比来衡量，该方法的优点是简单直观、运用方便，且与我国现有统计口径和节能减排考核目标相一致，在研究中被学者们普遍使用（Patterson，1996；Wei 等，2011；李宏兵等，2019，江洪等，2020）。Hu 和 Wang（2006）首次提出了将劳动和资本等要素纳入其中的基于全要素框架的能源效率测度方法，随后 Wang 等（2013）、Li 和 Lin（2015）、Ang 和 Wang（2015）在非合意产出、异质性前沿和模型方法等方面对基于全要素框架测度能源效率的方法进行了改进。由于现有研究在测度能源效率时无法形成统一的分析框架，故通常基于研究目的和数据可得性的考虑来选择相应的测度指标。

对于能源效率的影响因素，现有研究从多方面展开了分析。魏楚和沈满洪（2007）基于 DEA 分析方法的研究发现，第三产业占比提高能有效提升能源效率。Glaser 和 Kahn（2010）的研究表明，经济集聚通过规模经济效应可以降低单位产出的能源消耗，从而提高能源使用效率；师博和沈坤荣（2013）在纳入政府干预的条件下也分析了经济集聚对能源效率的作用，发现经济集聚对能源效率的提高有促进作用，但政府干预会对该作用产生不利影响。孙广生等（2012）指出，全要素生产率的提升是改善能源效率的主要原因。Perry（2013）基于 76 个发展中国家的研究显示，工业化和城市化进程有利于能源效率的提高。张志辉（2015）认为，能源效率会受到对外开放、所有制结构、能源消费结构的显著影响。林伯强和刘泓汛（2015）基于 Tobit 模型研究了对外贸易是如何影响能源效率的，分析指出进口贸易额对能源效率有显著的提升作用；但刘叶（2018）的研究显示，能源效率与进口贸易的相关关系并不显著，进口贸易无法对能源效率产生显著影响。李平和丁世豪（2019）从行业层面分析了进口技术溢出效应对能源效率的影响，认为进口技术溢出效应能显著提高能源效率，由于吸收能力具有强化进口技术溢出的能力，使能源效率与进口技术溢出之间存在非线性关系。李颖等（2019）在省级面板数据的基础上，采用静态和动态面板模型的分析显示，工业能源效率与环境规制间存在“U”型关系。周四军等（2020）运用面板平滑转换模型分析了政府支持度对能源效率的作用，研究表明，政府支持度始终对能源效率有正向影响，但在要素禀赋结构的中介作用下，该正向影响逐渐递减。

在能源效率的影响因素研究中，部分学者注意到了市场分割和技术创新的重要作用。师博和沈坤荣（2008）的研究指出，我国能源禀赋相对充裕的地区能源使用效率比较低的深层原因在于，资源配置效率因市场分割的存在比较低下，抑制了区域规模经济效应的发挥，进而导致能源使用效率的损失。Hsieh 和 Klenow（2009）基于中国和印度的研究发现，市场分割导致的资源错配会降低能源利用效率。林伯强和杜克锐（2013）的研究表明，要素市场扭曲是造成我国能源效率较低的重要原因，进一步的研究还发现要素市场扭曲如果能够被消除，能源效率平均每年能提高10%左右。魏楚和郑新业（2017）基于中国1995—2012年省级面板数据的研究发现，市场分割通过显著抑制规模效率、配置效率和技术效率进而阻碍能源效率的提高。张德钢和陆远权（2017）的研究显示，市场分割不利于能源使用效率的提升，假如能消除市场分割，能源使用效率平均每年可以提高 1.5%。

技术进步或技术创新是影响能源效率的另一个重要因素，现有研究关于技术进步的影响持有两种观点。一是技术进步或技术创新能够改善能源效率。Fare 等（1997）基于工业化国家样本数据的研究指出，技术进步是提高能源效率的重要因素。Fisher – Vanden 等（2004）的研究发现，技术创新对促进能源效率的提高有显著作用。唐安宝和李星敏（2014）利用我国 1990—2010 年相关数据的研究显示，无论是在短期还是长期，技术进步都能有效提升能源效率。余康（2017）的研究发现，在控制了贸易依存度、经济规模、投资结构、能源价格、产业结构等因素后，技术进步能显著改进中国省级层面的能源效率。卢锐等（2019）的研究指出，技术效率和技术进步对制造业能源效率都有提升作用，且技术进步的贡献超过了技术效率。二是技术进步存在能源“回弹效应”。Berkhout 等（2000）、Saunders（2008）从理论和实证的角度分析验证了技术进步对能源消费存在“回弹效应”。技术进步改善能源效率的作用可能存在非线性影响，即在某一阶段，技术进步改善能源效率的作用不会很明显，甚至可能存在负面影响（胡东兰等，2019）。

总的来说，现有文献对能源效率的影响因素进行了许多有益且深入的研究，这些研究也取得了颇多的成果，为进一步研究奠定了坚实的理论和实证分析基础，但仍有未尽之处，值得做进一步的探讨。首先，部分文献虽然注意到了市场分割和技术进步或技术创新对能源效率的影响，但通常只关注了市场分割和技术进步或技术创新分别对能源效率的独立影响，而很少分析它们可能存在的交互作用；其次，市场分割和技术进步或技术创新交互作用的存在意味着技术进步或技术创新对能源效率的作用机制可能会受到市场分割的影响，而现有文献基本都忽略了这一点。因此，笔者在研究中先引入市场分割和技术进步或技术创新的交互项来分析其交互作用，然后使用门限面板回归模型进一步分析技术进步或技术创新对能源效率的作用机制是如何受市场分割影响的，这可以看做是增量贡献。

5.2.1 实证模型、变量与数据

5.2.1.1 模型设定

本节的主要目的是基于1999—2018年中国30个省区的省级面板数据，分析市场分割和技术创新是如何影响能源效率的。为了缓解遗漏变量偏差所产生的内生性问题，笔者在模型中还将引入其他对能源效率有重要影响的控制变量。具体地，将采用如下计量模型进行实证分析。

$$Ln(EE_{it}) = \alpha + \alpha_i + \beta_1 Ln(MS_{it}) + \beta_2 Ln(PATENT_{it}) + \beta_3 Ln(MS_{it}) \times Ln(PATENT_{it}) + \sum_{k=1}^{m} \lambda_k CV_{kit} + \varepsilon_{it} \quad (5.2)$$

上式中，被解释变量 $Ln(EE_{it})$ 为省区 i 在 t 年的能源效率；$Ln(MS_{it})$ 为省区 i 在 t 年的市场分割程度；$Ln(PATENT_{it})$ 为省区 i 在 t 年的技术创新水平；CV_{kit} 为那些对能源效率有重要影响的控制变量；ε_{it} 为随机扰动项；α_i 为个体效应，通常被解释变量会受到个体效应的影响，但很难通过观测获得个体效应的数据，如果因此忽略个体效应，继续使用最小二乘法进行混合回归就可能产生遗漏变量偏差所引起的内生性问题，使估计的参数是有偏且非一致

的。有鉴于此，笔者将在实证分析中采用面板设定 F 检验对选择个体效应还是混合回归进行判别。此外，假如个体效应与模型中的部分或全部解释变量相关，则应选择固定效应模型（FE，Fixed Effects）进行分析；反之，就应选择随机效应模型（RE，Random Effects），后续分析时，将使用豪斯曼检验在两者中进行选择。

5.2.1.2　变量与数据

1. 被解释变量

被解释变量为能源效率。文献中通常有两个反映能源效率的指标：一是单要素能源效率指标，二是全要素生产率框架下的能源效率指标。由于单要素能源效率指标能直观地衡量能源利用效率，并与我国现有统计口径和节能减排考核目标相一致；而全要素生产率框架下的能源效率指标在实证分析时容易引起内生性问题（潘雄锋等，2017），故笔者将用单要素能源效率指标作为被解释变量。具体来说，将使用实际 GDP 与能源消费总量的比值来表示能源效率。由于能源消费还可以按类别进行细分，故在后续分析中还将使用实际 GDP 与细分的能源消费量的比值作为被解释变量来进行稳健性检验。

2. 核心解释变量

市场分割和技术创新是笔者重点关心的两个核心解释变量。市场分割水平依然采用价格法测度得到。文献中普遍采用专利申请来衡量技术创新水平。专利申请有两个相互关联的指标，即专利申请授权量和专利申请受理量。与专利申请受理量相比，专利申请授权量能更加准确的反应技术创新水平，因此，在分析中将采用专利申请授权量来表示技术创新水平。

3. 控制变量

为了缓解遗漏变量偏差导致的内生性问题，基于经济理论和相关文献，笔者将人均实际GDP及其二次项、能源价格、外商直接投资占GDP的比重、能源消费结构、产业结构、所有制结构这几个对能源效率有重要影响的控制变量引入到模型中。

人均实际GDP（*PGDP*）代表了经济发展水平，它对能源效率有重要影响。有研究认为，经济发展水平对能源效率可能存在非线性影响（潘雄锋等，2017），因此，笔者在实证分析中将引入人均实际GDP及其二次项。

能源价格（*EP*）是能源市场的重要信号，能源价格上升意味着企业生产成本增加。为了控制生产成本，企业会节约能源投入，提高能源效率；但也有相反的观点认为，能源价格上升可能是低能源使用效率的国企消耗了更多能源所导致的，而这会降低能源效率，因此，能源价格对能源效率的作用还需进行实证验证。后续分析中，笔者使用以2000年为基期的各省区燃料商品零售价格指数作为能源价格的代理变量。

外商直接投资占比（*FDI*）反映了对外开放程度。通常认为，外资企业的节能环保意识较高，有利于提高能源使用效率，因此，随着外商直接投资占比的提高，能源效率也会提高。

能源消费结构（*ES*）对能源效率有重要影响，不同的能源消费结构会产生截然不同的能源使用效率，研究中将以煤炭消费量占能源消费总量的比重来表示能源结构。

产业结构（*IS*）用第二产业增加值占地区生产总值的比重表示。第二产业有很多高能耗产业，相比其他产业其能源效率通常较低，因此，在经济转型升级过程中，随着第二产业占比逐渐下降，将有利于能源效率的提高。

所有制结构（*OS*）用国有企业在岗职工人数占在岗职工总人数的比重表示。有研究认为，由于国企受地方政府保护、激励机制扭曲等原因，导致国企能源效率低下。随着所有制改革的不断推进，国企占比逐渐下降，将有助于提升能源效率（张德钢和陆远权，2017）。

在实证分析时，能源效率、市场分割、技术创新、实际人均GDP、能源价格这几个变量都先期进行了自然对数处理，所有名义变量都按2000年的不变价格水平进行了平减。各变量的变量名、变量定义和数据来源等信息见表5.9。

表5.9　变量表

变量名	变量定义	数据来源
Ln（*EE*）	用实际GDP与能源消费总量之比表示的能源效率，进行自然对数处理	《中国统计年鉴》《中国能源统计年鉴》
Ln（*MS*）	市场分割程度，进行自然对数处理	按照价格法计算得到
Ln（*PATENT*）	专利申请授权数，进行自然对数处理	中经网统计数据库、国家统计局数据库
Ln（*PGDP*）	人均实际GDP，进行自然对数处理	《中国统计年鉴》
Ln（*EP*）	用燃料商品零售价格指数表示的能源价格，进行自然对数处理	中国经济社会大数据研究平台、国研网统计数据库
FDI	外商直接投资占GDP的比重	《中国统计年鉴》
ES	用煤炭消费量与能源消费总量之比表示的能源消费结构	中国经济社会大数据研究平台、《中国能源统计年鉴》
IS	用第二产业增加值与地区生产总值之比表示的产业结构	国家统计局数据库
OS	用国有企业在岗职工人数与在岗职工总人数之比表示的所有制结构	《中国劳动统计年鉴》、EPS数据平台

5.2.2 实证分析

5.2.2.1 基准回归分析

前文中笔者曾指出，在回归分析前需要使用面板设定F检验和豪斯曼检验分别对混合回归与个体效应、固定效应与随机效应进行选择。检验结果见表5.10，面板设定F检验是高度显著的，豪斯曼检验至少在5%的水平上是显著的，因此，将采用个体固定效应模型进行分析。

首先，笔者在模型中只引入核心解释变量市场分割程度和技术创新水平，结果见表5.10第2列所示，市场分割程度的系数在5%的水平上显著为负，表明市场分割不利于能源效率的提高。这与现有一些研究的结论是一致的。技术创新水平的系数在1%的水平上显著为正，说明创新水平的提高能改善能源效率。技术创新不断累积所导致的技术进步或多或少会对各个行业产生积极作用，使得这些行业能以相同的能源投入获得更高的产出，因而促进了能源效率的提高。由于市场分割会通过制约市场规模、限制市场竞争、阻碍创新要素流动等渠道对技术创新产生不利影响，进而抑制技术创新对能源效率的促进作用，因此，笔者在表5.10第3列中引入了市场分割与技术创新的交互项，结果显示，该交互项的系数为负，在5%的水平上是显著的，表明市场分割确实可以通过抑制技术创新来弱化技术创新对能源效率的促进作用。在第3列中，技术创新对能源效率的边际效应为：0.117～0.011 * *Ln*（*MS*），这意味着随着市场分割程度的提高，技术创新对能源效率的促进作用越来越弱。当市场分割程度超过一定水平时，技术创新对能源效率的有利影响会变成不利影响。这表明在不同的市场分割水平下，技术创新对能源效率存在不同的影响，即技术创新对能源效率的作用机制会受到市场分割的影响（笔者后续将使用门限面板回归模型对此进行进一步的分析）。

在表 5.10 第 4 列中，笔者把人均实际 GDP 及其二次项引入模型。结果显示，人均实际 GDP 的系数为负，其二次项系数为正，并都在 1% 的水平上是显著的，表明能源效率与经济发展水平之间存在“U”型关系，即随着经济的发展，能源效率先下降，当经济发展水平越过某个门槛值时，能源效率开始上升。可能的原因在于经济刚起步时，对能源的需求较少，此时投入生产中的通常是效率较高的能源；随着经济的发展，对能源的需求增加，追加投入的能源其效率会逐渐下降，因此，能源效率总体呈下降趋势；随着经济进一步发展，环境污染问题不断凸显，环境的制约和压力迫使微观经营主体采取包括技术创新在内的各种措施不断提高能源效率，减少排放，这一阶段就会使能源效率上升。由于能源效率的上升（下降）阶段通常对应着污染排放的下降（上升）阶段，故能源效率与经济发展水平之间的“U”型关系意味着环境污染与经济发展水平之间的倒“U”型关系，这就间接验证了环境库兹涅茨曲线（又称倒 U 曲线）的存在。

在表 5.10 第 5 列中，笔者将能源价格、外商直接投资占比、能源消费结构、产业结构、所有制结构这几个控制变量引入模型中，结果表明，能源价格的系数为正，在 5% 的水平上是显著的，表明能源价格上升能改善能源效率，个中缘由可能是能源价格上升能提高企业节能环保意识，增强其研发和引进有利于节能增效技术的动力。外商直接投资占比的系数在1%的水平上显著为正，说明随着外资占比的增加，能源效率会提高。虽然在改革开放初期，我国资金缺乏，引进了很多高能耗、高污染的项目，使我国成为“环保洼地”；但进入21世纪以来，我国节能环保压力不断增大，引进外资的门槛也逐渐提高，因此，外资成为提高能源效率的重要因素。能源消费结构的系数为负，在1%的水平上是显著的，表明随着煤炭消费占比的提高，能源效率有下降的趋势。鉴于我国煤炭在能源消费中占比较高的不利局面，应该通过技术创新等措施加快清洁高效能源对煤炭能源的替代以提高能源效率。产业结构的系数在1%的水平上显著为负，表明第二产业占比增加不利于能源效率的提高，这是由第二产业有较多高能耗行业的特征决定的，因此，从提高能源效率的需求出发，加速产业转型升级也有重要意义。所有制结构的系数为负，在10%的水平上是显著的，表明国企占比提高，将阻碍能源效率的提升，因此，持续推进所有制改革，适当降低国有经济比重，不仅是市场经济体制改革的需要，也将有助于提高能源效率。在第4、5列中逐渐引入各控制变量后，核心解释变量市场分割程度、技术创新水平及其交互项的系数符号保持一致，显著性也未出现大的变化，这在一定程度上表明，从基准回归分析中得到的研究结论具有较高的可靠性。

表 5.10 基准回归分析

变量	FE	FE	FE	FE
Ln（MS）	-0.018**	-0.019**	-0.029***	-0.026***
	(0.009)	(0.008)	(0.010)	(0.009)
Ln（PATENT）	0.193***	0.117***	0.109**	0.133***
	(0.007)	(0.036)	(0.048)	(0.046)
Ln（MS）×Ln（PATENT）		-0.011**	-0.021***	-0.018***
		(0.005)	(0.006)	(0.005)
Ln（PGDP）			-0.782***	-0.268**
			(0.196)	(0.123)
Ln^2（PGDP）			0.056***	0.039***
			(0.010)	(0.011)
Ln（EP）				0.095**
				(0.046)
FDI				1.547***
				(0.399)
ES				-0.103***
				(0.035)
IS				-1.041***
				(0.128)
OS				-0.169*
				(0.101)
常数项	-0.508***	-0.472***	2.187**	-0.722***
	(0.063	(0.065)	(0.940)	(0.101)
样本容量	600	600	600	600

续表

变量	FE	FE	FE	FE
R^2	0.750	0.752	0.796	0.825
面板设定 *F* 检验	149.22	149.69	185.10	148.69
P 值	[0.000]	[0.000]	[0.000]	[0.000]
Hausman 检验	8.47	11.55	21.36	29.71
P 值	[0.026]	[0.017]	[0.005]	[0.001]

注：（ ）内的数值表示估计系数的标准误；［ ］内的数值表示对应检验统计量的 P 值；***、**、* 分别表示在 1%、5%、10% 的显著性水平下该系数是显著的，下同。

5.2.2.2 稳健性检验

由于被解释变量能源效率有可能会对模型中一个或多个解释变量造成影响，这就会带来联立性偏差所产生的内生性问题。为了解决联立性偏差造成的估计偏误，需要寻找合适的工具变量（IV，Instrument Variable）。该工具变量应与解释变量相关，但与随机扰动项无关。寻找好的工具变量通常不是一件容易的事，但在面板数据模型中可以采用解释变量的滞后值作为工具变量。一方面，滞后值与当期值通常是高度相关的；另一方面，被解释变量的当期值肯定不会对解释变量的前期值造成影响。因此，将解释变量的滞后值作为工具变量是比较合适的。各解释变量滞后一期值作为工具变量引入模型的分析结果见表 5.11 第 2 列，对比表 5.10 第 5 列的基准回归分析可知，核心解释变量及其交互项的系数符号都相同，系数显著性也没有大的变化；所有控制变量的系数符号也都相同，除个别变量的系数显著性出现些少许变化外，其他变量的系数显著性都没有变化。这表明分析结论具有较好的稳健性（为了解决联立性偏差问题，本节后续实证分析中，笔者将各解释变量都进行一期滞后处理）。

前文曾提及能源消费可以按类别进行细分，在此，笔者将使用实际 GDP 与细分的能源消费量的比值作为被解释变量以检验模型的稳健性。具体地，笔者将分别使用实际 GDP 与煤炭、电力、燃油（包含汽油、柴油、煤油和燃料油）消费量的比值作为被解释变量的替代指标进行分析，结果见表 5.11 第 3 ~ 5 列。与基准回归分析相比，核心解释变量及其交互项的系数符号都保持一致，系数显著性变化较小；所有控制变量的系数符号也都保持一致，除少数几个变量的系数显著性出现些许变化外，大多数变量的系数显著性都没有变化，表明更换被解释变量不会对分析结论产生较大影响，这再次说明分析结论的稳健性较好。

表 5.11　稳健性检验 I

变量	IVFE	IVFE	IVFE	IVFE
Ln（*MS*）	-0.014***	-0.023**	-0.036***	-0.021***
	(0.004)	(0.010)	(0.012)	(0.005)
Ln（*PATENT*）	0.097**	0.141***	0.242***	0.137**
	(0.048)	(0.052)	(0.064)	(0.057)
Ln（*MS*）×*Ln*（*PATENT*）	-0.016***	-0.022***	-0.027***	-0.009***
	(0.005)	(0.006)	(0.007)	(0.003)
Ln（*PGDP*）	-0.482**	-1.749***	-0.347***	-2.053***
	(0.217)	(0.368)	(0.120)	(0.572)
Ln^2（*PGDP*）	0.048***	0.113***	0.036**	0.122***
	(0.011)	(0.018)	(0.015)	(0.029)
Ln（*EP*）	0.083**	0.047*	0.096**	0.073*

续表

变量	IVFE	IVFE	IVFE	IVFE
Ln（EP）	(0.035)	(0.025)	(0.039)	(0.038)
FDI	1.627***	2.549***	1.818***	2.140***
	(0.393)	(0.666)	(0.525)	(0.535)
ES	−0.113***	−0.189***	−0.274***	−0.103***
	(0.035)	(0.059)	(0.046)	(0.032)
IS	−0.792***	−0.958***	−0.729*	−0.779**
	(0.129)	(0.219)	(0.379)	(0.341)
OS	−0.222**	−0.178*	−0.274**	−0.207*
	(0.098)	(0.097)	(0.131)	(0.109)
常数项	5.265***	7.584***	2.453*	10.621***
	(1.075)	(1.823)	(1.437)	(2.834)
样本容量	570	570	570	570
R^2	0.833	0.758	0.717	0.771
面板设定 F 检验	164.54	53.33	124.95	67.19
P 值	[0.000]	[0.000]	[0.000]	[0.000]
Hausman 检验	27.05	28.07	19.80	16.61
P 值	[0.003]	[0.002]	[0.013]	[0.015]

注：第 2~5 列的被解释变量分别为实际 GDP 与能源总量、煤炭、电力、燃油消费量之比。

我国幅员辽阔，区域间的经济和社会发展状况差别较大，各地区的能源使用效率也各不相同，故有必要对不同地区的能源效率分别进行分析以检验模型的地区稳健性。接下来，笔者将全国 30 个省区的全样本划分为东、中、西部三个地区子样本进行分析，估计结果见表 5.12 第 2~4 列。与基准回归分析相比，核心解释变量及其交互项的系数符号都保持一致，系数显著性的变化较小；所有控制变量的系数符号也都相同，系数显著性的变化也不大，这表明不同地区子样本回归的分析结果依然具有良好的稳健性。从核心解释变量对能源效率的影响看，市场分割在西部地区对能源效率的阻碍作用比在东中部地区更大，这可能与西部地区市场分割程度比东中部地区更高有关；东部地区的技术创新水平对能源效率的促进作用比中西部地区更大，这应该是东部地区技术创新水平更高的结果；从核心解释变量的交互项对能源效率的影响看，西部地区对能源效率的不利影响比东中部地区更大，这或许是因为西部地区较高的市场分割水平对该地区的技术创新产生了更强的制约作用，从而在更高程度上抑制了技术创新对能源效率的促进作用。

为了保护和改善环境，保障公众健康，推进生态文明建设，促进经济社会可持续发展，我国于 2015 年 1 月 1 日开始施行修订后的《中华人民共和国环境保护法》。该法案的施行能提高企业节能减排意识，倒逼企业不断提高能源使用效率，减少排放，这有可能使能源效率在该法案施行的前后两个时期发生明显变化。因此，有必要对该法案施行的前后两个时期展开分析，以便对模型的时期稳健性进行检验。接下来，笔者以 2015 年为时间节点将样本划分为两个子样本进行分析，结果见表 5.12 第 5、6 列。与基准回归分析相比，修订的环境保护法施行前，核心解释变量及其交互项的系数符号都相同，系数显著性没有变化；所有控制变量的系数符号也都相同，系数显著性变化较小；修订后的环境保护法施行后，核心解释变量、交互项、各控制变量的系数符号保持不变，但系数显著性有所下降（大多数系数仍然在 5% 的水平上显著），这可能是由样本容量大幅减少造成的。总的来说，2014 年 4 月 24 日修订通过的环境保护法施行前后两个时期的回归分析结果依然比较稳健。

表 5.12　稳健性检验Ⅱ

变量	东部	中部	西部	2015 以前	2015 以后
	IVFE	IVFE	IVFE	IVFE	IVFE
Ln（*MS*）	-0.016***	-0.018***	-0.023***	-0.019***	-0.016**
	(0.005)	(0.004)	(0.006)	(0.004)	(0.007)
Ln（*PATENT*）	0.196***	0.156**	0.134***	0.168***	0.126**
	(0.036)	(0.075)	(0.041)	(0.057)	(0.056)
Ln（*MS*）× *Ln*（*PATENT*）	-0.012**	-0.017**	-0.021**	-0.019***	-0.014*
	(0.005)	(0.007)	(0.008)	(0.006)	(0.007)
Ln（*PGDP*）	-3.588***	-3.077**	-2.099***	-0.472**	-0.380**
	(0.423)	(1.320)	(0.433)	(0.182)	(0.144)
Ln^2（*PGDP*）	0.200***	0.192***	0.077***	0.044***	0.031**
	(0.021)	(0.031)	(0.021)	(0.013)	(0.014)
Ln（*EP*）	0.184***	0.221**	0.454***	0.105***	0.082**
	(0.054)	(0.086)	(0.096)	(0.031)	(0.037)
FDI	1.069***	2.189**	1.213***	1.244***	0.655***
	(0.352)	(1.051)	(0.205)	(0.411)	(0.219)
ES	-0.113**	-0.064**	-0.109***	-0.156***	-0.146**
	(0.052)	(0.025)	(0.033)	(0.042)	(0.063)
IS	-1.429***	-1.041***	-0.793***	-1.132***	-0.615**
	(0.220)	(0.154)	(0.258)	(0.176)	(0.244)
OS	-0.193*	-0.263*	-0.182**	-0.285**	-0.122*

续表

变量	东部	中部	西部	2015 以前	2015 以后
OS	(0.108)	(0.143)	(0.083)	(0.113)	(0.012)
常数项	16.38***	11.33***	−13.28***	6.517***	−6.092***
	(2.060)	(3.116)	(2.212)	(1.247)	(1.966)
样本容量	209	152	209	450	120
R^2	0.918	0.933	0.821	0.790	0.868
面板设定 *F* 检验	104.76	130.53	248.40	161.70	407.37
P 值	[0.000]	[0.000]	[0.000]	[0.000]	[0.000]
Hausman 检验	155.26	122.97	174.76	22.38	33.38
P 值	[0.000]	[0.000]	[0.000]	[0.003]	[0.000]

5.2.2.3　技术创新对能源效率的作用机制分析

在基准回归分析中，笔者在分析核心解释变量交互项时曾指出，当市场分割程度超过一定水平（门槛值）时，技术创新对能源效率的有利影响会变成不利影响，这意味着在不同的市场分割水平下，技术创新对能源效率的作用机制是不同的。接下来，笔者将采用 Hansen（1999）提出的门限面板回归模型，分析技术创新对能源效率的作用机制是如何受市场分割影响的。考虑如下的单门限（两区制）面板模型。

$$y_{it} = \alpha_i + \beta_1 x_{1it} + (\beta_{21} x_{2it}) I(q_{it} \leqslant \lambda) + (\beta_{22} x_{2it}) I(q_{it} > \lambda) + \varepsilon_{it} \tag{5.3}$$

上式中，y_{it} 为被解释变量，x_{1it} 为不受门限效应影响的解释变量（控制变量）；x_{2it} 为受门限效应影响的解释变量（核心解释变量技术创新）；$I(\cdot)$ 为示性函数，如果括号中的表达式为真，则取值为1，反之，取值为0；q_{it} 为门限变量（此时，市场分割即为门限变量）；λ 为待估计的门限值；ε_{it} 为随机扰动项。对于门限模型，关键是要估计出门限值 λ，这可以通过以下两步来完成。首先，任意给定一个 λ 的取值，就可以对（5.3）公式进行估计以得到残差平方和 $SSR(\lambda)$，其次，选择 λ 值使得 $SSR(\lambda)$ 最小，最小的 $SSR(\lambda)$ 对应的 λ 值即为所估计的门限值 $\hat{\lambda}$。接下来，还需要检验门限效应是否显著，该检验对应的原假设为 $H_0: \beta_{21} = \beta_{22}$，备择假设 $H_1: \beta_{21} \neq \beta_{22}$，若不拒绝原假设，门限模型则退化为线性模型；反之，就应该采用门限模型。令 S_0 为原假设条件下的残差平方和，$S_1(\hat{\lambda})$ 为备择假设条件下的残差平方和，则可使用似然比统计量进行假设检验：$F = [S_0 - S_1(\hat{\lambda})]/\hat{\sigma}^2$，其中，$\hat{\sigma}^2 = S_1(\hat{\lambda})/[n(T-1)]$ 是随机扰动项方差的一致估计，检验中将采用自举法（bootstrap）获得大样本条件下统计量的渐进有效 P 值（概率值）对假设检验进行判断。上述为单门限模型的估计和检验过程，多门限模型的估计和检验与此类似，不再赘述。表5.13给出了门限面板效应检验结果。

表5.13第3～6列门限面板回归模型中的被解释变量分别为实际GDP与能源总量、煤炭、电力、燃油消费量之比，以便分析门限面板效应的检验过程对被解释变量的变化是否稳健。结果显示，第3～6列的单门限检验似然比统计量的 P 值均小于1%，从而可以在1%的水平上拒绝只有一个门限的原假设。双门限检验似然比统计量的 P 值均较大，即使在10%的水平上也不能拒绝双门限的原假设，表明第3～6列中的模型均具有双门限（三区制）

特征，这意味着模型中的门限数不会随被解释变量的变化而发生变化。

表 5.13　门限面板效应检验结果

检验类型	统计量	(1)	(2)	(3)	(4)
单门限检验	λ	-6.096	-6.096	-6.277	-8.247
	95%置信区间	[-6.167, -6.026]	[-6.167, -6.026]	[-6.349, -6.269]	[-8.251, -8.243]
	F 值	31.64	28.39	22.63	36.87
	P 值	0.000	0.000	0.003	0.000
双门限检验	λ_1	-6.289	-6.542	-6.308	-8.266
	95%置信区间	[-6.306, -6.277]	[-6.568, -6.316]	[-6.421, -6.306]	[-8.278, -8.221]
	λ_2	-5.982	-6.443	-5.982	-8.247
	95%置信区间	[-6.112, -5.931]	[-6.462, -6.442]	[-5.992, -5.930]	[-8.310, -8.243]
	F 值	6.64	10.16	4.21	7.52
	P 值	0.363	0.167	0.617	0.298
自举抽样次数		300	300	300	300
网格点数		300	300	300	300
样本容量		570	570	570	570

注：第 3～6 列的被解释变量分别为实际 GDP 与能源总量、煤炭、电力、燃油消费量之比。

基于表 5.13 得到的市场分割的两个门限估计值，笔者对样本数据进行相应分区，并通过去组内均值的方法估计模型的参数，结果见表 5.14。对于受门限效应影响的变量，当 $Ln(MS) > \lambda_2$ 时，表 5.14 第 2～5 列中技术创新的系数符号均为负，并至少在 5% 的水平上是显著的。这表明市场分割程度较高时，技术创新不仅不能改善能源效率，还会降低能源效率，这印证了前面在分析市场分割和技术创新交互项时的结论。这一阶段能源效率会下降的主要原因在于技术进步往往伴随着经济增长，这会刺激产品需求，从而增加能源需求，在市场分割程度较高时，地方政府为了保护本地产业、就业和经济增长，各种逆市场化的政策措施出台会抑制能源资源在更大范围内的自由流动，使得能源产品很难流向效率更高的企业，从而导致能源效率下降。当 $\lambda_1 < Ln(MS) \leq \lambda_2$ 时，各模型技术创新的系数符号均为正，但并不显著，说明随着市场分割程度的下降，技术创新将有助于促进能源效率的提高，但该促进作用可以忽略不计。当 $Ln(MS) \leq \lambda_1$ 时，各模型技术创新的系数符号均为正，并至少在5%的水平上是显著的，这表明随着市场分割程度进一步下降，能源资源能有效的自由流动，此时技术创新就能对能源效率的提升产生显著的促进作用。对于不受门限效应影响的变量（控制变量），各模型的系数符号完全相同，系数显著性的变化也较小，说明模型具有较好的稳健性。

表5.14　门限面板模型估计结果

变量	(1)	(2)	(3)	(4)
Ln（*PATENT*）	-0.081***	-0.040***	-0.145***	-0.043**
（Ln（MS）$>\gamma_2$）	(0.025)	(0.013)	(0.034)	(0.020)
Ln（*PATENT*）	0.007	0.031	0.027	0.069
（$\gamma_1 < Ln$（MS）$\leq \gamma_2$）	(0.021)	(0.025)	(0.020)	(0.077)
Ln（*PATENT*）	0.025**	0.064**	0.079***	0.038**
（Ln（MS）$\leq \gamma_1$）	(0.012)	(0.026)	(0.028)	(0.017)
Ln（*PGDP*）	-0.499**	-1.511***	-0.643**	-1.914***
	(0.202)	(0.346)	(0.274)	(0.531)
Ln^2（*PGDP*）	0.044***	0.102***	0.038***	0.116***
	(0.010)	(0.017)	(0.013)	(0.027)
Ln（*EP*）	0.119***	0.131**	0.157***	0.177**

续表

变量	(1)	(2)	(3)	(4)
Ln (EP)	(0.042)	(0.061)	(0.051)	(0.073)
FDI	1.608***	2.514***	1.776***	2.110**
	(0.383)	(0.643)	(0.519)	(1.034)
ES	-0.087**	-0.969***	-0.348***	-0.132**
	(0.034)	(0.057)	(0.047)	(0.055)
IS	-0.745***	-0.883***	-0.291**	-0.571**
	(0.127)	(0.212)	(0.132)	(0.251)
OS	-0.240**	-0.251*	-0.326**	-0.274**
	(0.095)	(0.140)	(0.139)	(0.128)
常数项	-5.313***	6.085***	4.236***	9.998***
	(1.004)	(1.726)	(1.360)	(2.613)
样本容量	570	570	570	570
R^2	0.840	0.774	0.727	0.771

注：第2~5列的被解释变量分别为实际GDP与能源总量、煤炭、电力、燃油消费量之比。

5.2.3 本节小结

笔者基于1999—2018年中国30个省区的省级面板数据，实证分析了市场分割和技术创新对能源效率的影响及其作用机制，研究结果表明：①市场分割不仅不利于能源效率的提高，它还会通过抑制技术创新，进而弱化技术创新对能源效率的促进作用；②能源效率与经济发展水平之间存在“U”型关系，即随着经济的发展，能源效率先下降，当经济发展水平越过某个门槛值时，能源效率开始上升，这间接验证了环境库兹涅茨曲线的存在；能源效率随着能源价格、外商直接投资占比的提高而提高，随着煤炭消费占比、第二产业占比、国企占比的提高而降低；③门限面板回归模型的分析结果表明，技术创新对能源效率的作用机制会受到市场分割的影响，当市场分割程度较高时，技术创新不仅不能改善能源效率，还会降低能源效率；只有市场分割程度下降到一定程度时，技术创新才能对能源效率的提升产生显著的促进作用。

为了有效提高能源效率，基于以上研究结论，笔者认为应该从以下几个方面着手进行应对。第一，打破市场分割和地方保护，加快推进全国区域市场整合进程。各级地方政府不应只着眼于短期和局部利益，而要从全局和长远出发，摈弃本地思维，克服利益短视，打破市场分割的枷锁，严禁使用行政力量干预市场运行，尽可能避免人为的市场分割现象。这不仅能提高能源效率，还可以为技术创新营造出有利于其改善能源效率的良好市场氛围和环境，进而能更有效地促进能源效率的提升。第二，大力支持和鼓励技术创新。各级政府应加大对创新的资金投入，设立创新专项基金，对包括企业、高校、科研机构在内的各创新主体的重大和基础性创新进行奖励和补贴；通过出台各种促进创新的政策措施，激发出微观主体的创新热情；主导建立技术创新成果转化和交流平台，推动和促进企业与高校、科研机构的产学研合作，努力营造出有利于科技创新的良好环境。第三，继续贯彻和实施各项有利于经济发展的政策措施，稳步推进经济增长，争取经济发展水平尽早越过经济增长促进能源效率提高的拐点，这样可以实现通过经济增长就能改善能源效率的目标。第四，继续推进能源市场改革，减少政府动用行政力量对能源市场的干预，尽可能地发挥能源市场的价格机制作用，从而提高能源资源的配置效率。第五，实行积极有效的招商引资政策，随着我国的减排承诺和环保压力不断增大，应提高引进外资的门槛，把以前招商引资中的“来者不拒”逐渐变成“招商选资”。第六，调整能源消费结构，大力开发和利用太阳能、风能、核能等清洁高效的新能源，降低煤炭等传统低效率、高污染能源产品的使用。第七，调整产业结构，加快产业转型升级。大力发展以5G通信、人工智能、大数据、移动支付等为代表的现代服务业，逐渐减少甚至淘汰某些高能耗、高污染的落后产能。第八，继续推进国有企业改革。在不降低国有经济的主导地位和不影响国计民生的前提下，应大力引入民营资本，加快国企混合所有制的改革步伐，重新焕发国有经济活力并提高效率。

5.3　市场分割与技术创新对收入差距的效应分析

收入分配问题一直以来都是社会各界最为关心的问题，合理的收入分配制度和收入差距不仅是人民群众的共同愿望，同时也是社会公平的重要体现。改革开放40多年来，我国经济增长始终保持在中高速水平上，经济和社会发展取得了巨大成就。在这个过程中，虽然居民人均收入水平随着经济增长也在不断提高，但很多研究和事实都表明我国居民的收入差距一直处在警戒线水平以上，收入差距过大问题比较严重，多年来的改革成果并没有公平地惠及全体人民，这已引起了全社会的广泛关注。虽然党和政府一直在致力于缓解收入差距过大问题，并且开展了大量的工作和各种努力，但收效仍不理想，收入差距过大问题并没有得到根本性的解决。收入差距过大不仅与社会主义共同富裕的本质相抵触，而且过大的收入差距还会带来各种经济和社会问题，成为当下改革攻坚阶段进一步深化改革的桎梏，将会对我国经济社会全面发展造成严重阻碍。因此，有效缓解和降低收入差距就成了当前我国各级政府面临的紧迫任务。在这一背景下，笔者将详细分析市场分割和技术创新对我国居民地区收入差距的影响及其作用机制，探寻缓解和消除我国居民地区收入差距过大的方法和渠道。这对促进区域协调发展，实现社会公平具有重要的理论与现实意义。

梳理文献可以发现，对居民收入差距的研究主要集中在两个方面：一是对收入差距现状的研究，主要通过基尼系数等指标来反映收入差距及其变化趋势（Florida，2005；李俊青和韩其恒，2011；田卫民，2012；Piketty 等，2017；Aghion 等，2019）；二是对收入差距成因的研究。陈建东和戴岱（2011）分析了教育支出、财政支出、工业化、城镇化进程对收入差距的影响。高连水（2011）指出，物资资本对地区收入差距的贡献最大，达到了34.5%，政府政策、人力资本和全球化的贡献均超过了10%，而经济体制改革和城镇化进程的贡献比较小。赵亚明（2012）的研究显示，交易效率的外生变化是驱动地区收入差距变化的重要力量。刘晓光等（2015）、罗能生和彭郁（2016）注意到了基础设施对收入差距的作用，他们发现提高基础设施水平有助于缩小收入差距。刘伟等（2018）指出，受约束的人口流动、不合理的税制和税收结构、贸易自由化等因素恶化了居民收入不平等程度。李卫华（2019）认为，通过对劳动力市场机制、教育培训制度和转移支付制度的改革，能有效缩小居民地区收入差距。

充分的市场整合有利于商品和生产要素的自由流动，其对收入差距具有较强的抑制作用。但众多学者指出，中国国内市场分割问题突出，严重阻碍了商品和生产要素的跨区流动。此外，市场分割还会严重弱化经济主体的内在创新激励机制。由于创新需要投入大量人力、物力和财力，使研发成本增高；同时，研发新产品、新技术可能面临着较高的失败风险。因此，只有市场足够广阔，高昂的成本能通过新产品、新技术的成功研发获得补偿，才会对各经济主体的研发创新活动产生较强的激励作用。由此可见，市场分割不仅能直接影响收入差距，还可以通过创新间接作用于收入差距。虽然市场分割对收入差距有重要作用，在文献中却只有为数不多的几位学者对此有所关注，如陈纯槿和胡咏梅（2016）、齐亚强和梁童心（2016），即便如此，这几位学者也只注意到了市场分割的直接影响，而忽略了其通过技术创新对收入差距的间接作用。

至于技术创新对收入差距的作用，一些研究认为，技术创新趋向于扩大收入差距。这类文献主要着眼于“技能溢价”假说，从理论和经验上证实了技能偏向型技术进步对技能溢价的正向影响（Acemoglu，2012；Ojha等，2013；郭晨等，2019；陈怡和刘芸芸，2019）。还有一些学者的研究认为，技术创新能缓解收入差距。他们认为技术创新带来的工资收入增长过程中会出现“知识溢出”效应，即素质相对较高的劳动者通过“干中学”可以向高技能劳动者学习以提高劳动技能，带来工资增长，进而缩小工资差距（Glaser 等，2010；Antonelli 和 Gehringer，2017；赵峥等，2018）。

总的来说，现有文献对收入差距问题展开了大量且深入研究，相关研究也取得了较为丰富的成果，但仍然存在未尽之处，需要做进一步的研究。首先，技术创新对收入差距的影响存在不确定性，技术创新带来的“技能溢价”效应会扩大居民收入差距，而“知识溢出”效应能缩小收入差距，现阶段哪种效应占主导地位，这需要通过实证分析加以验证；其次，现有文献很少关注市场分割对居民收入差距的作用，更鲜见有研究市场分割是如何通过影响技术创新来间接作用于居民收入差距的文献。接下来将对这两个问题展开详细分析。

5.3.1 实证模型、变量与数据

5.3.1.1 模型设定

本节的目的是基于1999—2018年中国省级层面的面板数据，实证分析市场分割和技术创新是如何作用于收入差距的。为了缓解遗漏变量偏差所产生的内生性问题，笔者在模型中还引入了其他对收入差距有重要影响的控制变量，具体地将采用如下计量模型进行实证分析。

$$
\begin{aligned}
Gini_{it} = {} & \alpha + \alpha_i + \beta_1 Patent_{it} + \beta_2 MS_{it} + \beta_3 Patent_{it} \times MS_{it} \\
& + \beta_4 Lnpgdp_{it} + \beta_5 (Lnpgdp_{it})^2 + \beta_6 Finance_{it} \\
& + \beta_7 Industry_{it} + \beta_8 Trade_{it} + \beta_9 Edu_{it} + \beta_{10} Sec_{it} + \varepsilon_{it}
\end{aligned} \tag{5.4}
$$

上式中，α_i 表示省区个体效应，如果省区个体效应 α_i 对被解释

变量有影响，但又无法直接观测，此时，使用最小二乘法（OLS）进行混合回归所估计出的系数是有偏和非一致的，故笔者将使用面板设定 F 检验在个体效应模型与混合回归中进行判断；此外，如果省区个体效应 α_i 与解释变量相关，则应采用固定效应模型（FE，Fixed Effects）进行估计，反之如果 α_i 与所有解释变量都不相关，则应使用随机效应模型（RE，Random Effects）进行估计。对固定效应和随机效应的选择，将使用 Hausman 检验进行判断。

5.3.1.2　变量说明

1. 被解释变量

研究中使用的被解释变量为基尼系数（*Gini*），用来衡量收入差距的程度。某个省区在某年的基尼系数是通过该省区该年下辖的所有地级市（州）的城镇居民人均可支配收入数据计算得到的。实践中有多种计算基尼系数的公式，研究中将采用洪勇（2014）、刘修岩等（2017）的如下公式计算得到基尼系数。

$$Gini = \frac{1}{2n(n-1)\mu}\sum_{j=1}^{n}\sum_{i=1}^{n}|Y_j - Y_i| \tag{5.5}$$

其中，Y_i、Y_j 分别为某省（自治区）在某年第 i、j 个地级市（州）的城镇居民人均可支配收入，μ 为该省（自治区）在该年所有地级市（州）城镇居民人均可支配收入的均值，n 为该省（自治区）下辖的地级市（州）数量。由于需要使用地级市（州）的城镇居民人均可支配收入数据计算基尼系数，故研究样本不包括北京、上海、天津和重庆四个直辖市，此外，由于海南、青海、新疆和西藏存在数据缺失，研究中也将其剔除。除了基尼系数外，笔者还将使用文献中比较常用的衡量收入差距的一些指标作为被解释变量，用于稳健性检验，如泰尔指数、阿特金森指数、变异系数等。

2. 核心解释变量

市场分割（*MS*）和技术创新（*Patent*）是笔者重点关心的两个核心解释变量。市场分割水平依然采用价格法测度得到。文献中普遍采用专利申请来衡量技术创新水平，专利申请有两个相互关联的指标，即专利申请授权量和专利申请受理量，与专利申请受理量相比，专利申请授权量能更加准确地反应技术创新水平，因此，在分析中采用专利申请授权量来表示技术创新水平。

3. 控制变量

借鉴国内外相关研究，笔者在模型中引入了以下几个对收入差距有重要影响的控制变量：人均 GDP 及其平方项、财政支出比重、工业化率、贸易依存度、人均受教育年限、人均社会保障支出。

人均 GDP（*Lnpgdp*）反映了地区经济发展水平，它对收入差距有重要作用。自从库兹列茨提出收入差距与经济发展水平之间的倒“U”型关系以来，它一直都是学术界的一个热点，很多学者都将该变量作为分析收入差距的一个重要因素，笔者通过引入人均 GDP 及其二次项来验证两者间是否存在倒“U”型关系。

财政支出比重（*Finance*）反映了政府参与经济活动的程度，用政府财政支出占 GDP 的比重表示。政府都会对经济进行调节和干预，其对经济活动的调节和干预必然会影响收入分配，而政府干预经济活动的主要手段就是财政支出。

工业化率（*Industry*）可以用来刻画产业结构的变化，用第二产业增加值占GDP的比重表示。经济发展过程中总是伴随着产业结构的变迁，从而导致就业结构的变化，进而对收入不平等程度造成影响。

贸易依存度（*Trade*）反映了对外开放程度，用进出口总额与GDP之比表示。由于对外开放对要素流动、产业结构、经济增长都会产生影响，进而也会对收入差距造成影响。

人均受教育年限（*Edu*）反映了人力资本水平，很显然人力资本水平必然会对收入差距产生重要影响。笔者借鉴陈钊等（2004）的计算方法计算得到该变量的值。将每种受教育程度转换成相应的受教育年限，将其与该受教育程度的人数相乘，加总后再除以总的人口数，便可得到人均受教育年限的数据。各种受教育程度转换成相应的受教育年限拟采用如下标准：大学以上、高中、初中、小学、文盲分别按16年、12年、9年、6年和0年计。

人均社会保障支出（*Sec*）反映了社会保障水平的高低。社会保障支出是社会再分配的一种重要形式，它对调节收入分配、缓解收入差距有重要作用。

5.3.1.3　数据来源及说明

研究中所使用的数据来源于历年的《中国统计年鉴》、各省区统计年鉴、中经网统计数据库、国研网统计数据库和EPS数据平台。计算基尼数据时使用了23个省（自治区）共307个地级市（州）的数据（剔除了北京、上海、天津、重庆、海南、青海、新疆和西藏这8个省区市）。城镇居民人均可支配收入、人均GDP和人均社会保障支出这几个名义变量均使用了2000年的居民消费价格指数进行了平减，此外，人均 GDP 还进行了自然对数处理。

5.3.2 实证分析

5.3.2.1 基准回归分析

在进行回归估计之前，需先使用面板设定 F 检验和 Hausman 检验对模型进行选择。检验结果见表 5.15，在 1% 的显著性水平下所有的面板设定 F 检验均是显著的，拒绝了没有省（自治区）个体效应的混合回归假设，表明个体效应模型是合适的；Hausman 检验分别在 5%、1% 的水平下是显著的，拒绝了随机效应的原假设，表明采用固定效应进行估计是合适的。

表 5.15 第 2 列中，笔者只引入了表示创新水平的专利授权量和市场分割程度这两个核心解释变量。结果显示，专利授权量的估计系数为负，且在 1% 的水平下是显著的，表明创新水平的提高有助于降低收入不平等程度。前文中曾提到技术创新的“技能溢价”效应会扩大居民收入差距，而“知识溢出”效应则会缩小收入差距，此处的实证结果表明，在当前条件下“知识溢出”效应占据了主导地位，其作用超过了“技能溢价”效应。市场分割的估计系数为正，且在 5% 的水平下是显著的，说明市场趋于分割会加剧收入不平等。由于创新需要投入大量人力、物力和财力，一项创新要收回其高昂的研发成本，需要广阔的市场作为保障，因此，市场分割通常会阻碍技术创新，进而在一定程度上会弱化技术创新对收入不平等的缓解作用。为了在模型中反映出这一点，在表 5.15 第 3 列中，笔者引入了技术创新和市场分割的交

叉项乘积，结果显示，该交叉乘积项的系数为正，并在5%的水平下显著，说明市场分割确实通过阻碍技术创新弱化了创新对收入不平等的缓解作用。

在表5.15第4列中，笔者加入了人均GDP及其二次项以验证收入差距与经济发展水平之间是否存在着倒“U”型关系。结果表明，人均GDP的系数为正，其二次项系数为负，两者均在5%的水平下显著，说明收入差距与经济发展水平之间确实存在倒“U”型关系。随着人均GDP的增长，收入差距先上升，人均GDP超过某个门槛值后，收入差距开始下降。通过简单计算可知，收入差距由升转降对应的人均GDP门槛值为76262元。考察2018年各省区的人均GDP水平，23个省（自治区）中只有江苏、浙江、福建和广东的人均GDP超过了门槛值，其他省份欲实现通过经济增长缓解收入差距的理想状况还有一段路要走。

在表5.15第5列中，笔者将财政支出比重、工业化率、贸易依存度、人均受教育年限、人均社会保障支出这几个影响收入差距的控制变量引入模型中，结果表明，贸易依存度、人均受教育年限和人均社会保障支出的估计系数为负，且至少在5%的水平下显著，表明贸易依存度、人均受教育年限和人均社会保障支出的提高有助于缓解收入差距。财政支出的系数为负但并不显著，说明虽然财政支出的提高对降低收入差距有作用，但该作用力度非常小，可以忽略不计。工业化率的系数为正，并在10%的水平上显著，表明工业化率的提高会加剧收入不平等程度，这与一些文献的研究结论不一致。笔者认为，该现象可以由新经济地理学中的产业集聚理论加以解释。在工业化进程中，为了获得规模经济和外部经济效应，各省（自治区）的产业空间布局大多表现为大的产业集群通常集聚在以省会城市为主的为数不多的几个地区，这就使得各省（自治区）或多或少都出现了少数几个地区收入相对其他地区上升更快的现象，从而加剧了收入不平等程度。在第4、5列中依次引入人均GDP及其二次项和其他控制变量后，两个核心变量及其交叉乘积项的系数符号保持不变，其显著性程度也没有大的变化，这在一定程度上表明研究结论的可靠性较高。

表5.15 基准回归分析结果

变量	FE	FE	FE	FE
Patent	-0.947***	-0.858***	-0.604**	-0.582**
	(0.224)	(0.276)	(0.262)	(0.271)
MS	2.950**	3.842**	2.446***	1.878**
	(1.369)	(1.755)	(0.773)	(0.771)
Patent×MS		0.611**	0.414**	0.387*
		(0.243)	(0.181)	(0.203)
Lnpgdp			0.0697**	0.0735*
			(0.0282)	(0.0387)
$(Lnpgdp)^2$			-0.0031**	-0.0039**
			(0.0014)	(0.0018)
Finance				-0.027
				(0.061)
Industry				0.059*
				(0.032)
Trade				-0.029***
				(0.009)
Edu				-0.011**
				(0.004)

续表

变量	FE	FE	FE	FE
Sec				-0.587**
				(0.289)
常数项	0.081***	0.080***	0.453**	0.479*
	(0.002)	(0.002)	(0.184)	(0.258)
样本容量	460	460	460	460
R^2	0.066	0.073	0.107	0.170
面板设定 F 检验	36.69	37.02	38.87	23.77
P 值	[0.000]	[0.000]	[0.000]	[0.000]
Hausman 检验	9.19	11.59	16.30	21.956
P 值	[0.027]	[0.021]	[0.006]	[0.005]

注：（　）内的数值表示估计系数的标准误；［　］内的数值表示对应检验统计量的 P 值；***、**、* 分别表示在 1%、5%、10% 的显著性水平下该系数是显著的，下同。

5.3.2.2　稳健性检验

由于各种原因，部分省（自治区）的省会城市聚集了大量的经济和人口资源，如果资源过分集中于省会城市则对该省（自治区）的收入差距会造成较大影响，从而有可能使研究结果产生偏误。有鉴于此，笔者将在样本中剔除省会城市 GDP 和人口占比过高的省（自治区），对剩余样本进行分析。对于 GDP，将剔除样本期内省会城市 GDP 平均占比超过 30% 的省（自治区）样本，据此，笔者剔除了吉林、黑龙江、湖北、四川、陕西和宁夏 6 个省（自治区）；对于人口，将剔除样本期内省会城市人口平均占比超过 20% 的省（自治区）样本，包括吉林、黑龙江、陕西和宁夏 4 个省（自治区）。

表5.16第2、3列给出了按GDP标准剔除相应样本后回归结果，表5.16第4、5列给出了按人口标准剔除相应样本后回归结果，第2、4列中只含有核心解释变量及其交叉乘积项，第3、5列加入了其他控制变量。不管是按GDP标准还是人口标准剔除相应样本。对比表5.15的估计结果可知，所有变量的估计系数符号都保持不变，各变量估计系数值及其显著性也没有大的变化，这表明模型具有较强的稳健性。

虽然（5.4）式中的各解释变量会影响被解释变量基尼系数，但基尼系数也或多或少在一定程度上会对各解释变量造成影响，即解释变量和被解释变量之间存在着相互影响，而这种相互影响所造成的联立性偏差会使模型出现内生性问题，如不对其进行相应处理，会使模型的估计系数出现偏误。寻找一个与随机干扰项无关但与原解释变量相关的工具变量是解决内生性问题的有效方法。要找到一个完美的工具变量通常比较困难，但在面板数据模型中可以用解释变量的滞后值作为其工具变量。一般而言，解释变量的滞后值与其当期值存在较高的相关性，并且被解释变量的当期值也不会对解释变量的前期值产生影响，因此，用滞后值作为工具变量是比较好的选择。将各解释变量的滞后值作为工具变量引入模型后的估计结果如表5.16第6、7列所示，与表5.15的估计结果相比可以发现，全部解释变量的系数符号都保持一致，各变量估计系数值只有小的变化，大多数变量估计系数的显著性都有所提高，特别是在基准回归中不显著的财政支出系数在10%的水平上变得显著，估计结果的改善主要得益于对内生性问题的处理。总体上看，模型的稳健性依然较好。

表 5.16　稳健性检验 I

变量	GDP 标准	GDP 标准	人口标准	人口标准	滞后值	滞后值
	FE	FE	FE	FE	IVFE	IVFE
Patent	-0.652**	-0.467**	-0.638**	-0.362**	-0.303***	-0.338***
	(0.284)	(0.216)	(0.273)	(0.149)	(0.092)	(0.093)
MS	3.688***	1.945***	3.602***	2.366***	5.010***	2.518***
	(1.211)	(0.583)	(1.200)	(0.661)	(1.376)	(0.667)
Patent × *MS*	0.546**	0.390**	0.584*	0.396**	1.072***	0.760**
	(0.245)	(0.186)	(0.334)	(0.195)	(0.340)	(0.330)
Lnpgdp		0.042*		0.0587**		0.116**
		(0.022)		(0.0276)		(0.055)
(*Lnpgdp*)^2		-0.002**		-0.004**		-0.003***
		(0.001)		(0.002)		(0.001)
Finance		-0.041		-0.064		-0.101*
		(0.073)		(0.067)		(0.061)
Industry		0.041**		0.024*		0.067**
		(0.019)		(0.013)		(0.032)
Trade		-0.026***		-0.027**		-0.027***
		(0.009)		(0.013)		(0.009)
Edu		-0.016***		-0.013***		-0.011***
		(0.005)		(0.004)		(0.003)
Sec		-0.438**		-0.494**		-0.508***
		(0.216)		(0.236)		(0.164)
常数项	0.083***	0.324	0.082***	0.402	0.078***	0.421
	(0.002)	(0.299)	(0.002)	(0.277)	(0.002)	(0.283)

续表

变量	GDP 标准	GDP 标准	人口标准	人口标准	滞后值	滞后值
样本容量	340	340	380	380	437	437
R^2	0.064	0.163	0.070	0.164	0.092	0.188
面板设定 F 检验	43.59	22.40	41.27	21.16	40.10	25.59
P 值	[0.000]	[0.000]	[0.000]	[0.000]	[0.000]	[0.000]
Hausman 检验	10.07	16.02	11.25	19.28	13.52	21.95
P 值	[0.039]	[0.025]	[0.024]	[0.007]	[0.009]	[0.005]

对于被解释变量，笔者还使用了泰尔指数、阿特金森指数和变异系数等在文献中比较常见的用于衡量收入差距的指标，以检验模型的稳健性。同样为了解决模型中的内生性问题，各解释变量均进行了滞后处理，估计结果见表 5.17。表 5.17 第 2、3 列是以泰尔指数作为被解释变量得到的结果，与表 5.15 的基准回归相比，各变量的估计系数符号都保持不变，估计系数值变化不大，第 3 列中核心解释变量的交叉乘积项和工业化率系数的显著性有所提高，其他变量系数的显著性均保持不变。表 5.17 第 4、5 列是以阿特金森指数作为被解释变量得到的结果，与基准回归相比，各变量的估计系数符号依然保持不变，估计系数值没有大的变化，第 5 列中人均 GDP 一次项和工业化率系数的显著性有所提高，其他变量系数的显著性均保持不变。表 5.17 第 6、7 列是以变异系数作为被解释变量得到的结果，相比于基准回归，各变量的估计系数符号依然保持不变，估计系数值变化较小，第 6 列中市场分割程度的系数显著性有所提高；在第 7 列，基准回归中

不显著的财政支出系数在10%的水平上变得显著，专利授权量和人均受教育年限系数的显著性有所提高，其他变量系数的显著性均保持不变。总的来看，将被解释变量替换成泰尔指数、阿特金森指数和变异系数后，模型的估计结果并没有出现太大变化，这再次表明模型具有较好的稳健性。

表5.17 稳健性检验Ⅱ

变量	泰尔指数	泰尔指数	阿特金森指数	阿特金森指数	变异系数	变异系数
	IVFE	IVFE	IVFE	IVFE	IVFE	IVFE
Patent	-0.265***	-0.038**	-0.376***	-0.218**	-1.190***	-0.208***
	(0.088)	(0.017)	(0.127)	(0.103)	(0.376)	(0.069)
MS	1.118**	0.412**	2.534**	1.320**	9.805***	0.363**
	(0.524)	(0.158)	(1.083)	(0.506)	(3.037)	(0.165)
Patent × *MS*	0.222**	0.138**	0.515**	0.346*	1.266**	0.730*
	(0.101)	(0.062)	(0.246)	(0.186)	(0.516)	(0.368)
Lnpgdp		0.042*		0.164**		0.157*
		(0.024)		(0.075)		(0.079)
$(Lnpgdp)^2$		-0.002**		-0.008**		-0.008**
		(0.001)		(0.004)		(0.004)
Finance		-0.006		-0.017		-0.047*
		(0.026)		(0.081)		(0.025)
Industry		0.036**		0.054**		0.148*
		(0.015)		(0.024)		(0.075)
Trade		-0.015***		-0.028***		-0.067***
		(0.004)		(0.011)		(0.019)

续表

变量	泰尔指数	泰尔指数	阿特金森指数	阿特金森指数	变异系数	变异系数
Edu		-0.005**		-0.009**		-0.027***
		(0.002)		(0.004)		(0.009)
Sec		-0.484**		-0.801**		-0.369**
		(0.232)		(0.387)		(0.162)
常数项	0.014***	0.233**	0.027***	0.866**	0.158***	1.040*
	(0.003)	(0.111)	(0.002)	(0.345)	(0.004)	(0.535)
样本容量	437	437	437	437	437	437
R^2	0.053	0.155	0.020	0.066	0.074	0.185
面板设定F检验	28.85	16.81	10.52	6.84	33.41	23.46
P值	[0.000]	[0.000]	[0.000]	[0.000]	[0.000]	[0.000]
Hausman检验	10.14	21.13	9.87	13.73	11.01	27.97
P值	[0.038]	[0.006]	[0.043]	[0.008]	[0.026]	[0.004]

5.3.2.3 动态面板分析

前面所做的静态面板分析可以控制省（自治区）个体效应，使用解释变量的滞后期作为工具变量还能解决联立性偏差所产生的内生性问题，但是，收入促进存在惯性的可能，即如果上一期收入差距较大，通常会导致本期的收入差距也较大，前面的静态面板分析无法体现这个的特征，但动态面板模型却能很好地反映出该惯性特征；此外，动态面板模型所使用的GMM估计还能更好地解决内生性问题。故笔者将收入差距的滞后值作为解释变量引入到模型中，拟采用如下的动态面板模型做进一步分析。

$$Gini_{it} = \alpha + \alpha_i + \beta_1 Gini_{i,t-1} + \beta_2 Patent_{it} + \beta_3 MS_{it} + \beta_4 Patent_{it} \times MS_{it} + \beta_5 Lnpgdp_{it} + \beta_6 (Lnpgdp_{it})^2 + \beta_7 Finance_{it} + \beta_8 Industry_{it} + \beta_9 Trade_{it} + \beta_{10} Edu_{it} + \beta_{11} Sec_{it} + \varepsilon_{it} \quad (5.6)$$

其中，$Gini_{i,t-1}$ 为基尼系数滞后一期值，其他变量的含义与前述（5.4）公式相同。由于解释变量中引入了被解释变量的滞后值，使模型再次面临内生性问题，在这种情况下即使采用前述在静态面板分析中的方法也无法解决。Arellano 和 Bond（1991）认为可以采用差分 GMM 来解决动态面板模型中的内生性问题，即通过对水平方程（5.6）公式做一阶差分来消除省区个体效应，然后再将被解释变量滞后二阶值（还可以将更高阶的滞后值作为工具变量以提高工具变量的有效性）作为其差分方程中的工具变量进行估计。使用差分 GMM 对动态面板模型中的参数进行估计需满足两个前提条件：第一，（5.6）公式中的随机干扰项不能存在自相关，对其差分方程而言则要求残差的一阶差分序列只存在一阶自相关，不存在二阶或更高阶的自相关；第二，差分方程中的工具变量必须是有效的，即工具变量不能与随机干扰项相关。第一个前提条件可以用 Arellano - Bond 检验加以识别，第二个前提条件可以用过度识别的 Hensen 检验加以判断。① 表 5.18 的第 2、3 列给出了使用差分 GMM 估计的结果，基尼系数滞后一期变量的系数为正，且在 1% 的水平上是显著的，表明收入差距确实具有惯性特征。与基准回归结果相比，全部变量的系数符号都保

① 过度识别检验也可以用 Sargan 检验进行判断，但 Sargan 检验在模型存在异方差和自相关时是非稳健的。

持不变，估计系数值都没有太大变化，特别是部分变量的系数显著性有所提高，这很可能是因为引入被解释变量的滞后值使得模型设定更加优化所导致的。由第 2、3 列的 Arellano - Bond 检验结果可知，差分方程中的残差一阶差分序列存在一阶自相关，但不存在二阶自相关，说明水平方程（5.6）公式中的随机干扰项不存在自相关；Hensen 检验的结果表明差分方程中的工具变量是有效的，与随机干扰不相关。

上面的差分 GMM 估计可能存在弱工具变量问题，这会导致其估计效率降低。Blundell 和 Bond（1998）在差分 GMM 估计的基础上提出了系统 GMM 估计，即在差分方程中再加入水平方程，将被解释变量的差分滞后值作为水平方程中被解释变量滞后一期值的工具变量，这就可以解决水平方程中的内生性问题，然后将水平方程和差分方程合在一起作为一个方程系统进行 GMM 估计，这就是文献中常用的系统 GMM 估计。系统 GMM 能够克服差分 GMM 中的弱工具变量问题，从而提高估计效率。同样系统 GMM 估计也要满足前面差分 GMM 估计中所提到的两个前提条件。表 5.18 的第 4、5 列给出了使用系统 GMM 的估计结果，其与差分 GMM 估计结果差别不大，基尼系数滞后一期值的系数显著为正，各变量的系数符号都保持一致，估计系数值变化都不大，相较于差分 GMM，第 4 列中市场分割程度和第 5 列中人均 GDP 一次项的系数显著性有所提高，其他变量的系数显著性保持不变。Arellano - Bond 和 Hensen 检验结果表明随机干扰项没有自相关且工具变量都是有效的。

表 5.18　动态面板分析

变量	差分 GMM	差分 GMM	系统 GMM	系统 GMM
基尼系数滞后一期值	0.614***	0.521***	0.837***	0.708***
	(0.019)	(0.148)	(0.018)	(0.131)
Patentit	-0.472***	-0.145***	-0.641***	-0.747***
	(0.036)	(0.027)	(0.031)	(0.015)
MSit	0.514**	2.433**	0.596***	1.175**
	(0.255)	(1.174)	(0.209)	(0.579)
Patentit × *MSit*	0.847***	1.095**	0.726***	1.152**
	(0.039)	(0.531)	(0.035)	(0.514)
Lnpgdpit		0.088**		0.054***
		(0.043)		(0.017)
$(Lnpgdpit)^2$		-0.006**		-0.004**
		(0.003)		(0.002)
Financeit		-0.022		-0.027
		(0.103)		(0.091)
Industryit		0.106**		0.078**
		(0.047)		(0.035)
Tradeit		-0.033***		-0.016***
		(0.004)		(0.003)
Eduit		-0.043***		-0.041***
		(0.012)		(0.011)
Secit		-0.223***		-0.104***
		(0.051)		(0.012)
常数项	0.031***	0.328*	0.012***	0.306**

续表

变量	差分 GMM	差分 GMM	系统 GMM	系统 GMM
常数项	(0.002)	(0.166)	(0.002)	(0.143)
观测次数	414	414	437	437
AR（1）	[0.009]	[0.015]	[0.008]	[0.012]
AR（2）	[0.869]	[0.722]	[0.901]	[0.785]
Hansen 检验	[0.168]	[0.181]	[0.176]	[0.209]

5.3.3 本节小结

笔者基于1999—2018年中国省级层面的面板数据，实证分析了市场分割和技术创新对收入差距的影响及其作用机制，研究结果表明：①市场分割会加剧地区收入差距；②创新水平的提高有助于缓解地区收入差距，表明“知识溢出”效应超过了“技能溢价”效应；此外，市场分割对技术创新的阻碍作用还会弱化技术创新对收入差距的缓解作用；③地区收入差距与经济发展水平之间存在倒“U”型关系，贸易依存度、人均受教育年限和人均社会保障支出的提高有助于缓解地区收入差距，工业化率的提高会加剧地区收入差距，财政支出对地区收入差距的作用不明显；④动态面板模型的研究结果表明，地区收入差距还存在惯性特征。

为了缓解地区收入差距过大问题，基于上述研究结论，笔者提出以下一些有针对性的政策建议。第一，打破区域市场分割。各级政府要从长远出发，高瞻远瞩，摈弃本地思维和利益短视，打破地方保护主义的枷锁，杜绝使用行政命令的方式对市场进行干预，最大限度地减少人为造成的市场分割。这不仅能直接缩小地区收入差距，还能为技术创新创造出一个良好的市场环境和氛围，从而间接缓解地区收入差距。第二，鼓励并大力支持技术创新。各级政府都要努力营造出一个促进科技创新的良好环境，加大创新资金投入，出台并切实执行促进技术创新的相关政策。设立专项创新基金，对科技创新企业、研究机构、大专院校等研发的重大技术创新成果进行补贴和奖励，积极推动和促进企业与高校的产学研合作，帮助企业拓展科技创新产品与服务的市场。第三，由于大部分省区依然处在库兹涅茨倒U型曲线的左半边，意味着经济增长会恶化地区收入差距，因此，要辩证看待两者的关系，在发展经济的同时，通过出台对低收入群体的有利的政策来缓解收入差距过大问题。第四，坚持贸易自由化，加大对外开放力度。在逆全球化趋势逐渐抬头的国际背景下，中国更应高举自由贸易大旗，进一步扩大对外开放，努力形成全方位、多层次、宽领域的开放新格局。第五，持续加大教育投入。要保证在教育投入上的增速能跟上经济增长的速度，确保适龄儿童100%的入学率，要采取各种措施尽量减少和杜绝失学、辍学情况的发生；除了普通教育外，也要重视职业教育、继续教育，努力培养社会所需的各种人才。第六，完善社会保障和保险制度，加大社会保障支出。在基本养老保险基础上，逐步推广企业年金和各种补充养老保险制度，逐步完善失业保险制度，逐步提高城镇和农村中低收入人群、残障人士的转移性收入。第七，对于工业化过程中的产业集聚问题，各地方应该充分发挥本地的比较优势，建立适合本地的优势产业集群，努力形成地区之间的产业优势互补，避免将各产业都集中在以省会城市为主的少数几个地区。

5.4 本章小结

本章在前两章研究市场整合（分割）水平测度及其影响因素的基础上，详细分析了市场分割的几种效应。首先，党的十八大提出了实施创新驱动的重大战略，明确了今后我国经济增长应从资源投入驱动型逐渐过渡到创新驱动型的新发展道路上来。因此，笔者详细分析了市场分割对技术创新的效应。其次，如何保证经济增长中的能源供给，满足日益增长的能源需求，以较少能源消耗支撑经济社会的可持续发展，已成为当下我国亟待解决的迫切问题。因此，笔者接着研究了市场分割、技术创新对能源效率的效应。最后，收入分配问题一直以来都是社会各界最为关心的问题，但我国居民的收入差距过大问题一直比较严重，成为当下继续改革攻坚、进一步深化改革的桎梏，将会对我国经济社会全面发展造成严重阻碍。因此，笔者还详细分析了市场分割和技术创新对我国居民地区收入差距的效应。

关于市场分割对技术创新的效应，笔者研究发现：第一，市场分割对技术创新有明显的抑制作用，各种稳健性检验都支持这一结论；第二，技术创新水平随着创新要素投入、受教育程度、市场规模、经济发展水平、企业参与创新程度的提高而提高，随着政府参与创新程度的提高而降低；第三，地方政府保护会加剧市场分割对技术创新的抑制作用，而推动经济发展的一些因素则可以缓解市场分割对技术创新的阻碍作用；第四，动态面板的分析结果表明，技术创新具有明显的“惯性”特征。

关于市场分割与技术创新对能源效率的效应，笔者研究发现：第一，市场分割不仅不利于能源效率的提高，它还会通过抑制技术创新进而弱化技术创新对能源效率的促进作用；第二，能源效率与经济发展水平之间存在“U”型关系，即随着经济的发展，能源效率先下降，当经济发展水平越过某个门槛值时，能源效率开始上升，这间接验证了环境库兹涅茨曲线的存在；能源效率随着能源价格、外商直接投资占比的提高而提高，随着煤炭消费占比、第二产业占比、国企占比的提高而降低；第三，门限面板回归模型的分析结果表明，技术创新对能源效率的作用机制会受到市场分割的影响。当市场分割程度较高时，技术创新不仅不能改善能源效率，还会降低能源效率；只有市场分割程度下降到一定程度时，技术创新才能对能源效率的提升产生显著的促进作用。

关于市场分割与技术创新对收入差距的效应，笔者研究发现：第一，市场分割会加剧地区收入差距；第二，创新水平的提高有助于缓解地区收入差距，表明“知识溢出”效应超过了“技能溢价”效应；此外，市场分割对技术创新的阻碍作用还会弱化技术创新对收入差距的缓解作用；第三，地区收入差距与经济发展水平之间存在倒“U”型关系，贸易依存度、人均受教育年限和人均社会保障支出的提高有助于缓解地区收入差距，工业化率的提高会加剧地区收入差距，财政支出对地区收入差距的作用不明显；第四，动态面板模型的研究结果表明，地区收入差距还存在惯性特征。

第六章　结　论

本章拟对本书的研究进行全面回顾与总结，在概括本书主要结论的基础上提出相应的政策建议，并指出未来进一步的研究方向。

6.1　主要结论与政策建议

本书在回顾已有关于市场整合或分割相关研究的基础上，先采用产出结构法、贸易法、经济周期法、需求—价格法和价格法，对1999—2018年中国国内商品市场整合程度进行了测度，并对所得到的测度结果进行了相互比较和验证，这样可以最大限度地保证测度结果的稳健性和可靠性。然后，从市场分割的视角出发，基于价格法的测度结果，采用能捕捉空间溢出效应的空间面板模型，分析了1999—2018年中国国内商品市场分割的影响因素及其作用机制。最后，基于市场分割的视角，详细研究了中国国内市场分割的几种效应。通过分析得到了以下一些结论。

（1）通过不同方法对市场整合的测度结果基本都表明，从趋势上看，中国国内商品市场在1999—2018年间是逐渐趋于整合的，但在1999—2008年期间，商品市场整合经历了较大起伏和反复，市场整合提高的幅度也比较有限；而在2009—2018年期间，商品市场整合进程比较平稳，基本上呈现出了逐年改善的走势，且市场整合提高的幅度明显高于1999—2008年。在产出结构法中，笔者采用了产业结构相似度和Krugman专业化指数这两个指标进行度量，用这两个指标进行测度的结果基本是一致的，即1999—2018年期间中国30个省区商品市场整合水平呈上升趋势，但市场整合水平在提高的过程中经历了较大的起伏，并非一帆风顺。运用贸易法测度，笔者借鉴Wong（2012）的方法，通过对省区间的省际贸易成本的测度来间接反映国内商品市场整合情况。结果显示在样本期间内，中国30个省区间的省际贸易成本呈现出下降的趋势，说明在这一时期，中国国内商品市场是趋于整合的。此外，西部地区平均的省际贸易成本是最高的，中部地区次之，东部地区最低。在运用经济周期法中，相关系数法和C－M同步化指数法的测度结果都表明，1999—2018年中国30个省区间的经济周期同步性水平有所上升，这意味着该时期内，中国国内市场整合水平有所提高。C－M同步化指数法的结果还显示，在市场整合水平总体呈现上升趋势的背景下，一些年份也出现了短暂的下降走势。采用需求—价格法的测度结果显示，1999—2018年中国30个省区市场整合水平有明显的提高。分阶段看，1999—2008年期间，中国国内市场整合程度虽有所提高，但提高的幅度比较有限且存在较大的起伏，在某些年份，很多省区的市场整合水平出现了短暂的下降走势。2009—2018 年期间，从总体上看，中国 30 个省区市场整合水平都有显著提高，且 30 个省区的市场整合水平基本都呈现出逐年上升的趋势，表明这一时期，中国国内市场整合进程处于平稳、有效、持续地推进过程中。分地区看，东、中、西部省区间市场整合水平存在一定差距。具体来说，东部和中部地区市场整合水平相对较高，西部地区市场整合水平相对较低，虽然西部省区市场整合程度从绝对水平上看比较低，但在 2009—2018 年期间其改善程度却比较高。虽然中国 30 个省区间的市场整合程度有所不同，但各省区市场整合进程在 1999—2018 年期间的同步程度却较高。运用价格法测度的结果表明，1999—2018 年间中国 30 个省区相对价格方差有了明显的下降，表明该时期中国国内市场整合程度出现了明显的改善，市场化改革成效显著。以 2008 年为时间节点，将 1999—2018 年划分为两个子时期来看，1999—2008 年期间，中国 30 个省区相对价格方差虽然呈现出了下降的趋势，但在某些年份也出现了短暂的上升势头，说明该时期市场在趋于整合过程中存在一定的反复。2009—2018 年期间，中国 30 个省区相对价格方差基本呈现出逐渐下降的走势，且下降的幅度明显比 1999—2008 年期间要高，说明该时期市场整合进程的发展较为顺利。三大地区相对价格方差的变化与全国比较相似，且走势与全国基本同步，这表明东、中、西部地区的市场整合情况与全国的总体情况基本一致。几乎所有省区的市场整合进程在 1999—2008 年期间都存在较大的起伏，这一时期市场整合的改善程度也不算太大；而在 2009—2018 年期间，30 个省区的市场整合基本都呈现出逐年下降的趋势，且改善的程度明显高于前一个时期。

为了得到更稳健、更可靠的研究结论，笔者对以上采用各种测度方法得到的结果进行相互验证、比较和综合后认为，1999—2018 年间中国国内市场整合水平有明显的提高，市场化改革成效显著。以 2008 年为时间节点将 1999—2018 年划分为两个子时期来看，1999—2008 年期间，中国国内市场整合程度虽有所提高，但提高的幅度比较有限且存在较大的起伏，一些年份中，很多省区的市场整合水平出现了短暂的下降趋势。2009—2018 年期间，中国国内市场整合水平基本呈现出逐年上升的走势，上升的幅度也明显比 1999—2008 年期间要高，表明该时期中国国内市场整合进程处于平稳、有效、持续地推进过程中。分地区看，东、中、西部省区间市场整合水平存在一定差异，结合各种方法的测度结果，笔者认为，东部省（市）的市场整合水平最高、中部省次之，西部地区最低，虽然西部省区市场整合的绝对水平最低，但其改善程度在三个地区中是最高的。此外，虽然中国 30 个省区间的市场整合程度存在差异，但 1999—2018 年各省区市场整合进程基本能保持较为同步的走势。

（2）笔者基于市场分割视角，采用空间面板模型，对 1999—2018 年中国国内商品市场分割的影响因素及其作用机制的研究表明：第一，中国国内商品市场分割程度会随着财政支出比重、失业率、国有经济比重的上升而恶化，而对外开放水平、物流发展水平、经济发展水平、市场规模和基础设施水平的提高能降低市场分割程度，促进市场整合；第二，中国国内市场分割存在正的空间溢出效应，某个省区市场分割水平提高会导致其他省区市场分割水平也提高；第三，空间溢出效应不仅表现为不同省区间市场分割在空间上的相互影响，而且某一省区的市场分割水平还会受到其他省区相关因素空间溢出的影响。具体来说，某一省区的市场分割水平会随着其他省区财政支出比重、对外开放水平、市场规模和基础设施水平的提高而降低，随着其他省区失业率、经济发展水平的提高而提高，而其他省区国有经济比重和物流发展水平的影响可以忽略不计。

为了缓解中国国内市场分割现状，早日实现区域市场整合，基于以上研究结论，笔者认为各省级地方政府应从如下几个方面着手展开工作：第一，由于区域间存在空间溢出效应，各省级地方政府在制定和出台相关政策时不应该只考虑该政策在本省区的影响，还应考虑该政策对其他省区的影响以及其他省区对该政策的反应，这样才能提高政策的有效性。为此，各省级地方政府应该建立一个沟通与交流的机制或平台，在政策出台前应进行多方协商与商议；此外，中央政府应该站在全局的高度，从更高的层面起到统一指导和居中协调的作用，这样能从政策层面更好的促进中国省区间的市场整合；第二，各省级地方政府要按照市场规律科学合理地安排财政支出，削减与市场经济规律不相符的支出，严格控制财政支出规模，最大限度地减轻政府财政支出对市场整合的不利影响；第三，通过提供再就业培训、充分透明的就业信息、完善人才交流市场和机制等市场化手段努力降低失业率，这能减轻地方政府在就业问题上的压力，进而在一定程度上削弱地方政府分割市场的动机；第四，进一步明确地方政府职能，从制度上杜绝地方政府对国有企业经营的干预，使国有企业能真正的完全自主经营；第五，加大地方交通基础设施建设，为省区间的经贸往来提供便利的条件，这可以人为的缓解因空间距离所导致的市场分割。

（3）笔者基于市场分割视角，详细分析了市场分割对技术创新的效应、市场分割与技术创新对能源效率的效应、市场分割与技术创新对收入差距的效应。关于市场分割对技术创新的效应，笔者研究发现：首先，市场分割对技术创新有明显的抑制作用，各种稳健性检验都支持这一结论；其次，技术创新水平随着创新要素投入、受教育程度、市场规模、经济发展水平、企业参与创新程度的提高而提高，随着政府参与创新程度的提高而降低；再次，地方政府保护会加剧市场分割对技术创新的抑制作用，而推动经济发展的一些因素则可以缓解市场分割对技术创新的阻碍作用；最后，动态面板的分析结果表明，技术创新具有明显的“惯性”特征。为了有效促进技术创新，基于以上研究结论，笔者认为应该在以下几方面采取有针对性的政策和措施。第一，尽快打破地方保护和市场分割现状，加快全国市场整合进程。各地方政府应该摒弃本地思维、克服利益短视，尽可能减少使用行政命令来干预市场运行，以减少人为的市场分割现象；各级政府要加大基础设施投入，为培育现代化的物流企业创造有利条件，降低商品流通过程中的成本，减少商品跨区域流动的障碍，从而降低市场分割程度；地方政府应按照市场化改革的要求规范政府行为，中央政府应站在更高的层面进行顶层设计、居中协调，以加快市场一体化建设，扩大市场规模，从而增强微观经济主体的创新动力。第二，地方政府应认清自身的权利权限和在技术创新活动中的作用，尽量避免用“运动员”的身份参与技术创新活动，以减轻对微观经济主体创新活动的“挤出效应”。第三，地方政府应努力为创新活动提供优质的“后勤服务”，创造良好的创新环境和条件。各级地方政府应尽快出台并切实执行促进技术创新的各项政策，引导企业、大专院校、研究机构等微观主体加大创新资金和人才投入，设立专项创新基金，对微观主体的基础科学研究和重大创新成果进行补贴和奖励，搭建促进企业、大专院校、研究机构产学研合作平台，提高科技创新成果的转化效率。第四，继续加大教育投入力度。教育能显著提高全民素质，进而能为技术创新提供人才保障。各级政府要努力保证在教育投入上的增速不应低于经济增长的速度，保证学龄儿童都能100%入学，采取各种有效措施防止失学和辍学现象的发生；同时，要促进继续教育和职业教育的发展，努力为技术创新培养不同层次的各种人才。

关于市场分割与技术创新对能源效率的效应，笔者研究发现：首先，市场分割不仅不利于能源效率的提高，它还会通过抑制技术创新进而弱化技术创新对能源效率的促进作用；其次，能源效率与经济发展水平之间存在“U”型关系，即随着经济的发展，能源效率先下降，当经济发展水平越过某个门槛值时，能源效率开始上升，这间接验证了环境库兹涅茨曲线的存在；能源效率随着能源价格、外商直接投资占比的提高而提高，随着煤炭消费占比、第二产业占比、国企占比的提高而降低；最后，门限面板回归模型的分析结果表明，技术创新对能源效率的作用机制会受到市场分割的影响，当市场分割程度较高时，技术创新不仅不能改善能源效率，还会降低能源效率；只有市场分割程度下降到一定程度时，技术创新才能对能源效率的提升产生显著的促进作用。为了有效提高能源效率，基于以上研究结论，笔者认为应该从以下几个方面着手进行应对。第一，打破市场分割和地方保护，加快推进全国区域市场整合进程。各级地方政府不应只着眼于短期和局部利益，而要从全局和长远出发，摈弃本地思维，克服利益短视，打破市场分割的枷锁，严禁使用行政力量干预市场运行，尽可能避免人为的市场分割现象，这不仅能提高能源效率，还可以为技术创新营造出有利于其改善能源效率的良好市场氛围和环境，进而能更有效地促进能源效率的提升。第二，大力支持和鼓励技术创新。各级政府应加大对创新的资金投入，设立创新专项基金，对包括企业、高校、科研机构在内的各创新主体的重大和基础性创新进行奖励和补贴；通过出台各种促进创新的政策、措施，激发出微观主体的创新热情；主导建立技术创新成果转化和交流平台，推动和促进企业与高校、科研机构的产学研合作，努力营造出有利于科技创新的良好环境。第三，继续贯彻和实施各项有利于经济发展的政策措施，稳步推进经济增长，争取经济发展水平尽早越过经济增长促进能源效率提高的拐点，这样可以实现通过经济增长就能改善能源效率的目标。第四，继续推进能源市场改革，减少政府动用行政力量对能源市场的干预，尽可能地发挥能源市场的价格机制作用，从而提高能源资源的配置效率。第五，实行积极有效的招商引资政策，随着我国的减排承诺和环保压力不断增大，应提高引进外资的门槛，把以前招商引资中的“来者不拒”逐渐变成“招商选资”。第六，调整能源消费结构，大力开发和利用太阳能、风能、核能等清洁高效的新能源，降低煤炭等传统低效率、高污染能源产品的使用。第七，调整产业结构，加快产业转型升级。大力发展以5G通信、人工智能、大数据、移动支付等为代表的现代服务业，逐渐减少甚至淘汰某些高能耗、高污染的落后产能。第八，继续推进国有企业改革。在不降低国有经济的主导地位和不影响国计民生的前提下，应大力引入民营资本，加快国企混合所有制的改革步伐，重新焕发国有经济活力并提高效率。

关于市场分割与技术创新对收入差距的效应，笔者研究发现：首先，市场分割会加剧地区收入差距；其次，创新水平的提高有助于缓解地区收入差距，表明“知识溢出”效应超过了“技能溢价”效应；此外，市场分割对技术创新的阻碍作用还会弱化技术创新对收入差距的缓解作用；再次，地区收入差距与经济发展水平之间存在倒“U”型关系，贸易依存度、人均受教育年限和人均社会保障支出的提高有助于缓解地区收入差距，工业化率的提高会加剧地区收入差距，财政支出对地区收入差距的作用不明显；最后，动态面板模型的研究结果表明，地区收入差距还存在惯性特征。为了缓解地区收入差距过大问题，基于上述研究结论，笔者提出以下一些有针对性的政策建议。第一，打破区域市场分割。各级政府要从长远出发，高瞻远瞩，摈弃本地思维和利益短视，打破地方保护主义的枷锁，杜绝使用行政命令的方式对市场进行干预，最大限度地减少人为造成的市场分割，这不仅能直接缩小地区收入差距，还能为技术创新创造出一个良好的市场环境和氛围，从而间接缓解地区收入差距。第二，鼓励并大力支持技术创新。各级政府都要努力营造出一个促进科技创新的良好环境，加大创新资金投入，出台并切实执行促进技术创新的相关政策，设立专项创新基金，对科技创新企业、研究机构、大专院校等研发的重大技术创新成果进行补贴和奖励，积极推动和促进企业与高校的产学研合作，帮助企业拓展科技创新产品与服务的市场。第三，由于大部分省区依然处在库兹涅茨倒“U”型曲线的左半边，意味着经济增长会恶化地区收入差距，因此，要辩证的看待两者的关系，在发展经济的同时，通过出台对低收入群体的有利的政策来缓解收入差距过大问题。第四，坚持贸易自由化，加大对外开放力度。在逆全球化趋势逐渐抬头的国际背景下，中国更应高举自由贸易大旗，进一步扩大对外开放，努力形成全方位、多层次、宽领域的开放新格局。第五，持续加大教育投入。要保证在教育投入上的增速能跟上经济增长的速度，确保适龄儿童100%的入学率，要采取各种措施尽量减少和杜绝失学、辍学情况的发生；除了普通教育外，也要重视职业教育、继续教育，努力培养社会所需的各种人才。第六，完善社会保障和保险制度，加大社会保障支出。在基本养老保险基础上，逐步推广企业年金和各种补充养老保险制度，逐步完善失业保险制度，逐步提高城镇和农村中低收入人群、残障人士的转移性收入。第七，对于工业化过程中的产业集聚问题，各地方政府应该充分发挥本地的比较优势，建立适合本地的优势产业集群，努力形成地区之间的产业优势互补，避免将各产业都集中在以省会城市为主的少数几个地区。

6.2 进一步的研究方向

本书在测度国内市场整合（分割）水平的基础上，基于市场分割的视角，对国内市场分割的影响因素和经济效应进行了分析，笔者在研究中获得了一些成果和有益的启示，但仍存在未尽之处，笔者认为至少还可以从如下几个方面进行进一步的研究。

（1）本书仅仅研究了中国国内市场整合或分割现状，而未能进一步研究中国国际市场整合或分割状况，进而无法对中国国内和国际市场整合或分割状况进行比较分析，而这种比较分析是有一定意义的。这是因为一些学者的研究认为，中国国内省区之间市场的整合程度不高，甚至比中国与某些欧盟区国家的市场整合程度还要低。一国国内市场整合程度比其与某些国家间的市场整合程度还要低，这多少让人有些意外，真实情况是否如此呢？笔者认为，一些学者得到这样的结论很重要的一个原因是，他们都将中国国内市场与国际市场分开进行单独的分析，然后进行比较，同时，不是在统一的标准上进行的分析比较，故其结论有待进一步的论证。笔者未来的研究会避免将研究要么只局限在国内市场，要么只针对国外市场的弊端，而是将两者联系起来在同一框架中进行统一的分析和比较。这样就能对中国国内市场与国际市场整合程度孰高孰低的问题进行较为准确的分析。

（2）现有对中国国内市场整合的研究，很少将中国国内市场整合水平与其他国家的国内市场整合水平进行国际比较，如在同一时期，相比于其他新兴市场国家，中国国内市场整合程度处在什么水平？其他新兴市场国家在市场整合进程中有何成功经验和失败教训可以借鉴？中国与西方发达国家国内市场整合的差距有多大？原因有什么？详细研究这些问题，将对国际国内复杂环境下中国正在进行的市场化改革起到警示和借鉴作用。这将是笔者未来研究的又一重要方面。

（3）一国市场通常是由各种市场构成的，不仅包括本书研究的商品市场，还包括资本、劳动力等本书未涉及的要素市场。出于研究的阶段性、数据可得性等考虑，笔者暂时没有对资本、劳动力等要素市场展开分析。随着今后各种统计数据的不断完善，研究就能分阶段、有步骤地逐渐推进，资本市场、劳动力市场的整合研究将是笔者未来重要的研究方向，将商品市场、要素市场结合起来进行综合分析，才能使研究更为全面，研究结论才更具有现实意义。

参考文献

[1] 白重恩，杜颖娟，陶志刚，等. 地方保护主义及产业地区集中度的决定因素和变动趋势 [J]. 经济研究，2004 (4)：29-40.

[2] 卞元超，吴利华，周敏，等. 国内市场分割与雾霾污染——基于空间自滞后模型的实证研究 [J]. 产业经济研究，2020 (2)：45-57.

[3] 卜茂亮，高彦彦，张三峰. 市场一体化与经济增长：基于长三角的经验研究 [J]. 浙江社会科学，2010 (6)：11-18.

[4] 曹春方，张婷婷，范子英. 地区偏袒下的市场整合 [J]. 经济研究，2017 (12)：91-104.

[5] 曹平，王桂军. "营改增"提高还是降低了服务业企业的技术创新意愿？——来自中国上市公司的实证 [J]. 南方经济，2018 (6)：1-24.

[6] 陈纯槿，胡咏梅. 劳动力市场分割、代际职业流动与收入不平等 [J]. 教育与经济，2016 (3)：12-22.

[7] 陈芳，史慧敏. 市场分割对长江经济带能源环境效率影响研究 [J]. 中国环境管理，2020 (4)：104-111.

[8] 陈建东，戴岱．加快城镇化进程与改善我国居民的收入不平等［J］．财政研究，2011，32（2）：48－52.

[9] 陈敏，桂琦寒，陆铭，等．中国经济增长如何持续发挥规模效应？——经济开放与国内商品市场分割的实证研究［J］．经济学（季刊），2007（1）：125－150.

[10] 陈青青，龙志和，林光平．面板数据的空间 Hausman 检验［J］．系统工程，2012（6）：95－99.

[11] 陈怡，刘芸芸．技术创新对收入分配的影响——基于不同收入人群的分析［J］．南京财经大学学报，2019（2）：69－80.

[12] 陈宇峰，叶志鹏．区域行政壁垒、基础设施与农产品流通市场分割——基于相对价格法的分析［J］．国际贸易问题，2014（6）：99－111.

[13] 陈媛媛．市场分割与出口竞争力：基于中国数据的经验研究［J］．世界经济研究，2013（11）：49－56.

[14] 邓芳芳，王磊．国内市场整合导致的要素资源流动是促进产业结构调整的内在机制［J］．技术经济与管理研究，2018（10）：117－121.

[15] 邓明．中国地区间市场分割的政策互动研究［J］．中国工业经济，2014（2）：18－30.

[16] 丁从明，吉振霖，雷雨，等．方言多样性与市场一体化：基于城市圈的视角［J］．经济研究，2018（11）：148－164.

[17] 桂琦寒，陈敏，陆铭，等．中国国内商品市场趋于分割还是整合？——基于相对价格法的分析［J］．世界经济，2006（2）：20－30.

[18] 范爱军，李真，刘小勇．国内市场分割及其影响因素的实证分

析——以我国商品市场为例 [J]. 南开经济研究, 2007 (5): 111 - 119.

[19] 范爱军, 孙宁. 地区性行政垄断导致的国内市场分割程度测算——基于边界效应法的研究 [J]. 社会科学辑刊, 2009 (5): 92 - 96.

[20] 范剑勇. 市场一体化、地区专业化与产业集聚趋势——兼谈对地区差距的影响 [J]. 中国社会科学, 2004 (6): 39 - 53.

[21] 范欣. 中国市场分割的性质及效应研究 [D]. 长春: 吉林大学, 2016.

[22] 范欣, 宋冬林, 赵新宇. 基础设施建设打破了国内市场分割吗? [J]. 经济研究, 2017 (2): 20 - 34.

[23] 付强, 乔岳. 政府竞争如何促进了中国经济快速增长: 市场分割与经济增长关系再探讨 [J]. 世界经济, 2011 (7): 43 - 63.

[24] 高连水. 什么因素在多大程度上影响了居民地区收入差距水平——基于1987—2005年省际面板数据的分析 [J]. 数量经济技术经济研究, 2011 (1): 130 - 139.

[25] 郭晨, 张卫东, 朱世卡. 科技创新对收入不平等的影响——基于企业发展与政府干预视角 [J]. 北京工商大学学报 (社会科学版), 2019 (2): 12 - 21.

[26] 行伟波, 李善同. 引力模型、边界效应与中国区域间贸易: 基于投入产出数据的实证分析 [J]. 国际贸易问题, 2010 (10): 32 - 41.

[27] 贺振华. 寻租、过度投资与地方保护 [J]. 南开经济研究, 2006 (2): 64 - 73.

[28] 洪勇. 中国国内与国际边界效应比较研究 [J]. 经济评论,

2013 (4): 88 - 96.

[29] 洪勇. 转型时期中国国内市场整合的实证研究 [D]. 南昌: 江西财经大学, 2014.

[30] 洪勇. 市场整合、市场规模与出口增长——基于省级面板数据的分析 [J]. 现代财经, 2015 (10): 103 - 113.

[31] 洪勇. 相对价格视角下中国国内市场整合水平测度 [J]. 安徽师范大学学报 (人文社会科学版), 2016 (3): 364 - 369.

[32] 洪勇, 许统生. 中国国内商品市场整合研究——基于需求—价格关系的视角 [J]. 南方经济, 2016 (3): 16 - 35.

[33] 胡东兰, 申颢, 刘自敏. 中国城市能源回弹效应的时空演变与形成机制研究 [J]. 中国软科学, 2019 (11): 96 - 108.

[34] 胡向婷, 张璐. 地方保护主义对地区产业结构的影响 [J]. 经济研究, 2005 (2): 102 - 112.

[35] 黄赜琳. 中国制造业市场一体化程度测算及变动趋势 [J]. 中国工业经济, 2007 (11): 39 - 47.

[36] 黄赜琳, 王敬云. 地方保护与市场分割: 来自中国的经验数据 [J]. 中国工业经济, 2006 (2): 60 - 67.

[37] 黄晶. 国内贸易、空间溢出与省际经济周期协同: 1987—2011 [J]. 财贸经济, 2014 (4): 18 - 27.

[38] 黄菁菁. R&D 投入与产学研协同创新——人力资本投入的门槛检验 [J]. 软科学, 2019 (11): 16 - 21.

[39] 黄玖立, 李坤望, 黎德福. 中国地区实际经济周期的协同性 [J]. 世界经济, 2011 (9): 19 - 41.

[40] 贾军, 魏雅青. 产品市场竞争、客户关系治理与企业创新关系研究——基于行业竞争程度与企业市场地位的双重考量 [J].

软科学，2019（12）：66－71.

[41] 贾伟，秦富．中国省份地方保护测度及其影响因素分析［J］．当代经济科学，2014（5）：10－17.

[42] 江洪，李金萍，纪成君．省际能源效率再测度及空间溢出效应分析［J］．统计与决策，2020（1）：123－127.

[43] 江三良，赵梦婵．市场整合促进全要素生产率提升的路径分析——来自长江经济带的证据［J］．福建论坛（人文社会科学版），2020（3）：83－91.

[44] 李宏兵，张兵兵，谷均怡．本土市场规模与中国能源效率提升：基于动态面板门槛效应［J］．中国人口·资源与环境，2019（5）：61－70.

[45] 李俊青，韩其恒．教育、金融市场和中国居民的收入不平等［J］．世界经济，2011（1）：42－65.

[46] 李立，田益祥，张高勋，等．空间权重矩阵构造及经济空间引力效应分析——以欧债危机为背景的实证检验［J］．系统工程理论与实践，2015（8）：1918－1927.

[47] 李平，丁世豪．进口技术溢出提升了制造业能源效率吗？［J］．中国软科学，2019（12）：137－149.

[48] 李秦，李明志，罗金峰．互联网贸易与市场一体化——基于淘宝网数据的实证研究［J］．中国经济问题，2014（11）：40－53.

[49] 李善同，侯永志，刘云中，等．中国国内地方保护问题的调查与分析［J］．经济研究，2004（11）：78－84.

[50] 李善同，刘云中，陈波．中国国内地方保护问题的调查与分析——基于企业问卷调查的研究［J］．经济学报，2006（1）：17－22.

[51] 李卫华．缩小居民收入城乡差距与地区差距的制度创新［J］．经济地理，2019（3）：195－200.

[52] 黎文靖，郑曼妮．实质性创新还是策略性创新？——宏观产业政策对微观企业创新的影响［J］．经济研究，2016（4）：60－73.

[53] 李雪松，孙博文．区域经济一体化视角下的长江中游地区市场整合测度——基于湘鄂赣皖四省面板数据的分析［J］．江西社会科学，2014（3）：34－40.

[54] 李颖，徐小峰，郑越．环境规制强度对中国工业全要素能源效率的影响——基于2003—2016年30省域面板数据的实证研究［J］．管理评论，2019（12）：40－48.

[55] 李真．国内产品市场整合的演进与影响机制研究——基于对外贸易的视角［D］．济南：山东大学，2009.

[56] 李臻．官员异地交流能否促进市场一体化？——基于省级官员数据的经验分析［J］．科学经济社会，2015（2）：80－85.

[57] 林伯强，杜克锐．要素市场扭曲对能源效率的影响［J］．经济研究，2013（9）：125－136.

[58] 林伯强，刘泓汛．对外贸易是否有利于提高能源环境效率：以中国工业行业为例［J］．经济研究，2015（9）：127－141.

[59] 林毅夫，刘培林．地方保护和市场分割：从发展战略的角度考察［R］．北京大学中国经济研究中心讨论稿，No. C2004015，2004.

[60] 刘秉镰，朱俊丰．区域市场分割的影响因素及其空间邻近效应分析——基于1989—2014年中国省际面板数据［J］．经济地理，2018（10）：36－45.

[61] 刘刚．经济开放加剧了国内市场分割吗——来自中国省级面板数据的实证检验［J］．财贸研究，2018（2）：16－26.

[62] 刘培林. 地方保护和市场分割的损失 [J]. 中国工业经济, 2005 (4): 69-76.

[63] 刘伟, 王灿, 赵晓军, 等. 中国收入分配差距: 现状、原因和对策研究 [J]. 中国人民大学学报, 2018 (5): 25-43.

[64] 刘晓光, 张勋, 方文全. 基础设施的城乡收入分配效应: 基于劳动力转移的视角 [J]. 世界经济, 2015 (2): 145-170.

[65] 刘小勇, 李真. 财政分权与地区市场分割实证研究 [J]. 财贸经济, 2008 (2): 88-98.

[66] 刘修岩, 李松林, 陈子扬. 多中心空间发展模式与地区收入差距 [J]. 中国工业经济, 2017 (10): 25-43.

[67] 刘叶. 中间产品进出口与全要素能源效率: 基于我国工业行业视角的经验分析 [J]. 国际商务 (对外经济贸易大学学报), 2018 (3): 17-26.

[68] 刘晔, 张训常. 碳排放交易制度与企业研发创新——基于三重差分模型的实证研究经济研究 [J]. 经济科学, 2017 (3): 102-114.

[69] 陆铭, 陈钊. 分割市场的经济增长——为什么经济开放可能加剧地方保护? [J]. 经济研究, 2009 (3): 42-52.

[70] 陆铭. 城市、区域和国家发展——空间政治经济学的现在和未来 [J]. 经济学 (季刊), 2017 (4): 1499-1532.

[71] 卢锐, 陆芸, 陈郁炜, 等. 考虑行业耗能差异的技术进步、技术效率与制造业全要素能源效率研究: 基于30个行业面板数据的实证分析 [J]. 管理工程学报, 2019 (3): 9-16.

[72] 罗党论, 李晓霞. 市场分割与企业联盟——基于中国制造业上市企业的检验证据 [J]. 中山大学学报 (社会科学版), 2014 (6):

191 – 201.

[73] 罗能生，彭郁．交通基础设施建设有助于改善城乡收入公平吗？——基于省级空间面板数据的实证检验［J］．产业经济研究，2016（4）：100 – 110.

[74] 骆品亮．技术创新中的企业适度规模［J］．科研管理，1996（5）：20 – 25.

[75] 罗勇，刘锦华．中国省域市场一体化影响因素研究——基于3D框架视角［J］．软科学，2016（8）：6 – 9.

[76] 吕越，盛斌，吕云龙．中国的市场分割会导致企业出口国内附加值率下降吗？［J］．中国工业经济，2018（5）：5 – 25.

[77] 潘雄锋，彭晓雪，李斌．市场扭曲、技术进步与能源效率：基于省际异质性的政策选择［J］．世界经济，2017（1）：91 – 115.

[78] 皮建才．中国地方政府间竞争下的区域市场整合［J］．经济研究，2008（3）：115 – 124.

[79] 皮亚彬．区域一体化对社会福利改善的异质效应研究［J］．现代财经，2016（8）：3 – 14.

[80] 蒲艳萍，成肖．经济集聚、市场一体化与地方政府税收竞争［J］．财贸经济，2017（10）：37 – 50.

[81] 齐绍洲，林屾，崔静波．环境权益交易市场能否诱发绿色创新？——基于我国上市公司绿色专利数据的证据［J］．经济研究，2018（12）：129 – 143.

[82] 齐亚强，梁童心．地区差异还是行业差异？——双重劳动力市场分割与收入不平等［J］．社会学研究，2016（1）：168 – 190.

[83] 邵悦心，陈守明，王健．“营改增”政策对企业创新投入的影响研究——基于倾向得分匹配的双重差分方法［J］．科研管

理，2019（6）：77－85.

［84］申广军，王雅琦．市场分割与制造业企业全要素生产率［J］．南方经济，2015（4）：27－42.

［85］沈立人，戴园晨．我国“诸侯经济”的形成及其弊端和根源［J］．经济研究，1990（3）：12－20.

［86］盛斌，毛其淋．贸易开放、国内市场一体化与中国省际经济增长：1985—2008年［J］．世界经济，2011（11）：44－66.

［87］师博，沈坤荣．市场分割下的中国全要素能源效率：基于超效率DEA方法的经验分析［J］．世界经济，2008（9）：49－59.

［88］师博，沈坤荣．政府干预、经济集聚与能源效率［J］．管理世界，2013（10）：6－18.

［89］宋冬林，范欣，赵新宇．区域发展战略、市场分割与经济增长——基于相对价格指数法的实证分析［J］．财贸经济，2014（8）：115－126.

［90］宋马林，金培振．地方保护、资源错配与环境福利绩效［J］．经济研究，2016（12）：47－61.

［91］宋书杰．对外开放与市场分割是倒U型关系吗？［J］．当代财经，2016（6）：15－24.

［92］宋渊洋，单蒙蒙．市场分割、企业经营效率与出口增长［J］．上海经济研究，2014（4）：39－49.

［93］孙博文，陈路，李浩民．市场分割的绿色增长效率损失评估——非线性机制验证［J］．中国人口·资源与环境，2018（7）：148－158.

［94］孙博文，李雪松，伍新木，等．长江经济带市场一体化与经济增长互动研究［J］．世界经济，2016（1）：1－7.

[95] 孙博文，孙久文. 长江经济带市场一体化的空间经济增长与非对称溢出效应 [J]. 改革，2019 (2): 26-40.

[96] 王建康. 中国省际市场分割程度的时空格局及影响因素 [J]. 地理科学，2018 (12): 1988-1997.

[97] 孙广生，黄祎，田海峰. 全要素生产率、投入替代与地区间的能源效率 [J]. 经济研究，2012 (9): 99-112.

[98] 孙元元，张建清. 市场一体化与生产率差距：产业集聚与企业异质性互动视角 [J]. 世界经济，2017 (4): 79-104.

[99] 唐安宝，李星敏. 能源价格与技术进步对我国能源效率影响研究 [J]. 统计与决策，2014 (15): 98-101.

[100] 田卫民. 省域居民收入基尼系数测算及其变动趋势分析 [J]. 经济科学，2012 (2): 48-59.

[101] 王雷. 中国区际贸易壁垒及其对国际竞争力的影响 [J]. 财贸研究，2003 (5): 22-28.

[102] 魏楚，沈满洪. 能源效率及其影响因素：基于 DEA 的实证分析 [J]. 管理世界，2007 (8): 66-76.

[103] 魏楚，郑新业. 能源效率提升的新视角——基于市场分割的检验 [J]. 中国社会科学，2017 (10): 90-111.

[104] 魏建，王安. 中国的市场一体化进程：官员交流的作用 [J]. 经济与管理研究，2016 (6): 27-35.

[105] 温军，冯根福. 异质机构、企业性质与自主创新 [J]. 经济研究，2012 (3): 53-64.

[106] 夏骥. 市场分割与边界效应研究评述 [J]. 区域经济评论，2014 (2): 148-155.

[107] 谢姗，汪卢俊. 转移支付促进区域市场整合了吗？——以京

津翼为例［J］. 财经研究，2015（10）：31－44.

［108］邢华，胡汉辉. 中国经济转型中地方政府的角色转换［J］. 中国软科学，2003（8）：144－148.

［109］熊贤良. 国内区际贸易与国际竞争力：以我国制成品为例的分析［J］. 经济研究，1993（8）：71－76.

［110］徐珊. 区域知识溢出、产权性质与企业自主创新绩效——基于创新价值链的视角［J］. 当代财经，2019（2）：85－97.

［111］许统生，洪勇. 中国省区间经济周期同步性研究［J］. 经济科学，2013（3）：34－47.

［112］徐现祥，李郇. 市场一体化与区域协调发展［J］. 经济研究，2005（12）：57－67.

［113］徐现祥，李郇，王美今. 区域一体化、经济增长与政治晋升［J］. 经济学（季刊），2007（6）：1075－1096.

［114］徐勇，赵永亮. 商业周期与区际经济一体化——自然壁垒、经济结构与政策［J］. 财经研究，2007（7）：70－81.

［115］杨洋，魏江，罗来军. 谁在利用政府补贴进行创新？——所有制和要素市场扭曲的联合调节效应［J］. 管理世界，2015（1）：75－86.

［116］杨振兵. 对外直接投资、市场分割与产能过剩治理［J］. 国际贸易问题，2015（11）：121－131.

［117］杨振兵. 市场整合利于提升创新效率吗——基于创新能力与创新动力的新视角［J］. 当代财经，2016（3）：13－23.

［118］叶阿忠，吴继贵，陈胜明. 空间计量经济学［M］. 厦门：厦门大学出版社，2015.

［119］叶劲松，钟昌标. 我国各省份协调内贸与外贸关系的模型研

究［J］. 数量经济技术经济研究，2003（2）：90－95.

［120］叶宁华，张伯伟. 地方保护、所有制差异与企业市场扩张选择［J］. 世界经济，2017（6）：98－119.

［121］银温泉，才婉茹. 我国地方市场分割的成因和治理［J］. 经济研究，2001（6）：3－12.

［122］余东华，刘运. 地方保护与市场分割的测度与辨识——基于方法论的文献综述［J］. 世界经济文汇，2009（1）：80－84.

［123］余东华，王必好. 技术创新效率的内生性与随机变动效应研究——要素投入中知识资本与人力资本的差异化影响［J］. 南方经济，2020（1）：76－94.

［124］余康. 市场化改革、技术进步与地区能源效率——基于1997—2014年中国30个省份的面板数据模型分析［J］. 宏观经济研究，2017（11）：79－93.

［125］藏跃茹. 关于打破地方市场分割问题的研究［J］. 改革，2000（6）：5－15.

［126］张德钢，陆远权. 市场分割对能源效率的影响研究［J］. 中国人口·资源与环境，2017（1）：65－72.

［127］张海丰，李国兴. 后发国家的技术追赶战略：产业政策、机会窗口与国家创新系统［J］. 当代经济研究，2020（1）：66－73.

［128］张昊. 再议国内市场是趋于分割还是整合——对测度方法的探讨与改进［J］. 财贸经济，2014（11）：101－110.

［129］张昊. 距离、边界与一价定律的动态表现［J］. 财贸经济，2016（7）：5－20.

［130］张华容，散长剑. 金融歧视、市场分割与FDI配置效率——基于中国制造业面板数据的实证分析［J］. 产业经济研究，

2015 (4): 32 - 40.

[131] 张杰，郑文平，翟福昕．竞争如何影响创新：中国情景的新检验 [J]．中国工业经济，2014 (11): 56 - 68.

[132] 张杰，周晓艳．中国本土企业为何不创新——基于市场分割视角的一个解读 [J]．山西财经大学学报，2011 (6): 82 - 93.

[133] 张艳，唐宜红，李兵．中国出口企业"生产率悖论"——基于国内市场分割的解释 [J]．国际贸易问题，2014 (10): 23 - 33.

[134] 张应武．中国地区消费品市场整合研究 [M]．北京：光明日报出版社，2012.

[135] 张宇．地方保护与经济增长的囚徒困境 [J]．世界经济，2018 (3): 147 - 169.

[136] 张志辉．中国区域能源效率演变及其影响因素 [J]．数量经济技术经济研究，2015 (8): 73 - 88.

[137] 赵亚明．地区收入差距：一个超边际的分析视角 [J]．经济研究，2012 (2): 31 - 41.

[138] 赵永亮，徐勇，苏桂富．区际壁垒与贸易的边界效应 [J]．世界经济，2008 (2): 17 - 29.

[139] 赵永亮．国内贸易的壁垒因素与边界效应——自然分割和政策壁垒 [J]．南方经济，2012 (3): 13 - 23.

[140] 赵玉奇，柯善咨．市场分割、出口企业的生产率准入门槛与"中国制造" [J]．世界经济，2016 (9): 74 - 98.

[141] 赵峥，张亮亮，陈志．技术创新、城市化与城乡收入差距——基于城市面板数据的实证分析 [J]．中国科技论坛，2018 (10): 138 - 145.

[142] 郑毓盛，李崇高．中国地方分割的效率损失［J］．中国社会科学，2003（1）：64－73.

[143] 踪家峰，岳耀民．官员交流、任期与经济一体化——来自省际经验的证据［J］．公共管理学报，2013（4）：57－69.

[144] 钟昌标．国内区际分工和贸易与国际竞争力［J］．中国社会科学，2002（1）：94－100.

[145] 周黎安．晋升博弈中政府官员的激励与合作——简论我国地方保护主义和重复建设问题长期存在的原因［J］．经济研究，2004（6）：33－40.

[146] 周四军，范迪，刘影，等．基于要素禀赋结构的政府支持度对能源效率影响研究［J］．统计与信息论坛，2020（1）：82－88.

[147] 周亚虹，贺小丹，沈瑶．中国工业企业自主创新的影响因素和产出绩效研究［J］．经济研究，2012（5）：107－119.

[148] 周业安．地方政府竞争与经济增长［J］．中国人民大学学报，2003（1）：97－103.

[149] 朱希伟，金祥荣，罗德明．国内市场分割与中国的出口贸易扩张［J］．经济研究，2005（12）：68－76.

[150] Acemoglu D. *Why Do New Technologies Complement Skills? Directed Technical Change and Wage Inequality* [J]. The Quarterly Journal of Economics, 2012, 113 (4): 1055－1089.

[151] Aghion P., Akcigit U., Bergeaud A., etc. *Innovation and Top Income Inequality* [J]. The Review of Economic Studies, 2019, 86 (1): 1－45

[152] Aghion P., Reenen J. V., Zingales L. *Innovation and Institutional Ownership* [J]. American Economic Review, 2013, 103 (1):

277 – 304.

[153] Anderson J., Wincoop E. V. *Gravity with Gravitas: A Solution to the Border Puzzle* [J]. American Economic Review, 2003, 93 (1): 170 – 192.

[154] Anderson J. E., Wincoop E. *Trade Costs* [R]. NBER working paper, No. 10480, 2004.

[155] Ang B. W., Wang H. *Index Decomposition Analysis with Multidimensional and Multilevel Energy Data* [J]. Energy Economy, 2015, 51 (1): 67 – 76.

[156] Anselin L., Florax R. J. *New Direction in Spatial Econometrics* [M]. Springer – Verlag Berlin and Heidelberg GmbH& Co. K, 1995.

[157] Antonelli C., Gehringer A. *Technological Change, Rent and Income Inequalities: A Schumpeterian Approach* [J]. Technological forecasting & social change, 2017, 115 (2): 85 – 98.

[158] Arellano M., Bond S. *Some Tests of Specification for Panel Data: Monte Carlo Evidence and An Application to Employment Equations* [J]. Review of Economic Studies, 1991, 58 (2): 277 – 297.

[159] Baier S. L., Bergstrand J. H., Feng M. *Economic Integration Agreements and the Margins of International Trade* [J]. Journal of International Economics, 2014, 93 (2): 339 – 350.

[160] Berkhout P. H. G., Muskens J. C., Velthuijsen J. W. *Defining the Rebound Effect* [J]. Energy Policy, 2000, 28 (6): 425 – 432.

[161] Blundell R., Bond S. *Initial Conditions and Moment Restrictions in Dynamic Panel Data Models* [J]. Journal of Econometrics, 1998, 87 (1): 115 – 143.

[162] Borraz F., Cavallo A., Rigobon R. *Distance and Political Boundaries: Estimating Border Effects under Inequality Constraints* [J]. International Journal of Finance & Economics, 2016, 21 (1): 3-35.

[163] Brandt L., Holz C. A. *Spatial Price Differences in China: Estimates and Implications* [J]. Economic Development and Cultural Change, 2006, 55 (1): 43-86.

[164] Carboni O. A. *R&D Subsidies and Private R&D Expenditures: Evidence From Italian Manufacturing Data* [J]. International Review of Applied Economics, 2011, 25 (4): 419-439.

[165] Cerqueira P. A., Martins R. *Measuring the Determinants of Business Cycle Synchronization Using a Panel Approach* [J]. Economics Letters, 2009, 102: 106-08.

[166] Chen N. *Intra-national Versus International Trade in the European Union: Why Do National Borders Matters* [J]. Journal of International Economics, 2004, 63 (1): 93-118.

[167] Correa J. A. *Innovation and Competition: An Unstable Relationship* [J]. Journal of Applied Econometrics, 2012, 27 (1): 160-166.

[168] Coughlin C., Novy D. *Is the International Border Effect Larger than the Domestic Border Effect? Evidence from U. S. Trade* [R]. Federal Reserve Bank of St. Louis Working Paper, No. 057C, 2011.

[169] Elhorst J. P. *Specification and Estimation of Spatial Panel Data Models* [J]. International Regional Science Review, 2003, 26 (3): 244-268.

[170] Elhorst J. P. *Dynamic Panel with Endogenous Interaction Effect*

When T Is Small [J]. Regional Science and Urban Econo[illegible],
2010, 40 (5): 272-282.

[171] Faber B. *Trade Integration, Market Size, and Industrialization: Evidence from China's National Trunk Highway System* [J]. Review of Economic Studies, 2014, 81 (3): 1046-1070.

[172] Fan C. S., Wei X. D. *The Law of One Price: Evidence from the Transitional Economy of China* [J]. Review of Economics and Statistics, 2006, 88 (4): 682-697.

[173] Fare R., Grosskopf S., Norris M. *Productivity Growth, Technical Progress, and Efficiency Change in Industrialized Countries: Reply* [J]. American Economic Review, 1997, 87 (5): 1040-1044.

[174] Fisher - Vanden K., Jefferson G. H., Liu H. *What Is Driving China's Decline in Energy Intensity?* [J]. Resource and Energy Economics, 2004, 26 (1): 77-97.

[175] Florida R. *The Flight of the Creative Class: the New Global Competition for Talent* [M]. New York: Harper Collins Business, 2005.

[176] Gil - Pareja S. *The Border Effect in Spain* [J]. World Economy, 2005, 28 (11): 1617-1631.

[177] Glaser E. L, Kahn M. E. *The Greenness of Cities: Carbon Dioxide Emissions and Urban Development* [J]. Journal of Urban Economics, 2010, 67 (3): 404-418.

[178] Glaeser E. L., Resseger M., Tobio K. *Inequality in Cities* [J]. Journal of Regional Science, 2010, 49 (4): 617-646.

[179] Gluschenko K. *Anatomy of Russia's market segmentation* [J]. Economics of Transition, 2010, 18 (1): 27-58.

[180] Gluschenko K., Karchevskaya D. *Assessing a Feasible Degree of Product Market Integration: a Pilot Analysis* [J]. Journal of Economic Studies, 2010, 37 (4): 419 - 437.

[181] Gregory N., Greis N. P., Fischer W. A. *Firm Size and Dynamic Technological Innovation* [J]. Technovation, 2002, 22 (9): 537 - 549.

[182] Hansen B. E. *Threshold Effects in Non - Dynamic Panels: Estimation, Testing and Inference* [J]. Journal of Econometrics, 1999, 93 (2): 345 - 368.

[183] Hayakawa K. *Domestic and International Border Effect: The Case of China and Japan* [J]. China Economic Review, 2017, 43 (1): 118 - 126.

[184] Head K., Mayer T. *Illusory Border Effects: Distance Mismeasurement Inflates Estimates of Home Bias in Trade* [R]. CEPII, Manuscript, 2002.

[185] Hodrick R. J., Prescot E. C. *Post - war U. S. Business Cycles: An Empirical Investigation* [R]. North - western University, Center for Mathematical Studies in Economics and Management Science, Discussion paper No. 451, 1980.

[186] Hsieh C. T., Klenow P. J. *Misallocation and Manufacturing TFP in China and India* [J]. The Quarterly Journal of Economics, 2009, 124 (4): 1403 - 1448.

[187] Hu J. L., Wang S. C. *Total - Factor Energy Efficiency of Regions in China* [J]. Energy Policy, 2006, 34 (17): 3206 - 3217.

[188] Jacint B., Jordi R. *Disentangling the Importance of International*

Border Effects. Some Evidence from Portugal – Spain Ba

Diesel Retailers [J]. Economic Modelling, 2018, 72 (2): 260 – 269.

[189] Jones C. I., Romer P. M. *The New Kaldor Fact: Ideas, Institutions, Population and Human Capital* [J]. American Economic Journal Macroeconomics, 2010, 2 (1): 17 – 35.

[190] Ke S. Z. *Domestic Market Integration and Regional Economic Growth—China Recent Experience form1995 – 2011* [J]. World Development, 2014, 66 (9): 588 – 597.

[191] Keller W., Shiue C. H. *Market Integration As A Mechanism of Growth* [R]. CEPR Discussion Paper, No. DP11627, 2016.

[192] Lee L., Yu J. *Estimation of Spatial Autoregressive Panel Data Models with Fixed Effects* [J]. Journal of Econometrics, 2010, 154 (2): 165 – 185.

[193] Lesage J., Pace R. K. *Introduction to Spatial Econometrics* [M]. CRC Press, 2010.

[194] Li H. B., Zhou L. A. *Political Turnover and Economic Performance: The Incentive Role of Personnel Control in China* [J]. Journal of Public Economics, 2005, 89: 1743 – 1762.

[195] Li J., Larry D. Q., Sun Q. Y. *Interegional Protection: Implications of Fiscal Decentralization and Trade Liberalization* [J]. China Economic Review, 2003, 14: 227 – 245.

[196] Li J., Zhang A. M. *WTO Accession and China Domestic Regional Liberalization: A Theoretical Analysis* [J]. Pacific Economic Review, 2003, 8 (2): 127 – 141.

[197] Li K., Lin B. Q. *Metafrontier Energy Efficiency with CO_2 Emissions and Its Convergence Analysis for China* [J]. Energy Economy, 2015, 48 (3): 230 - 241.

[198] Lin H. *Market Integration and Inter - Province Freight Flows in China* [R]. Departmental Bulletin Paper, The Annals of the School of Business Administration, Kobe University, 2018.

[199] McCallum J. *National Borders Matter: Canada - U. S. Regional Trade Patterns* [J]. American Economic Review, 1995, 85 (3): 615 - 623.

[200] Methe D. T. *The Influence of Technology and Demand Factors on Firm Size and Industrial Structure in The DRAM Market: 1973 - 1988* [J]. Research Policy, 1992, 21 (1): 13 - 25.

[201] Naughton B. *How Much Can Regional Integration Do to Unify China Markets* [R]. Paper Presented for the Conference for Research on Economic Development and Policy Research, Stanford University, 1999.

[202] Nitsch V. *National Borders and International Trade: Evidence from the European Union* [J]. Canadian Journal of Economics, 2000, 33 (4): 1091 - 1105.

[203] Novy D. *Gravity Redux: Measuring International Trade Costs with Panel Data* [J]. Economic Inquiry, 2013, 51 (1): 101 - 121.

[204] Ojha V. P., Pradhan B. K., Ghosh J. *Growth, Inequality and Innovation: A CGE Analysis of India* [J]. Journal of policy modeling, 2013, 35 (6): 909 - 927.

[205] Parsley D., Wei S. J. *Convergence to the Law of one Price W Trade Barriers or Currency Fluctuations* [J]. The Quarterly Journal of Economics, 1996, 111: 1211 – 1236.

[206] Parsley D., Wei S. J. *Explaining the Border Effect: The Role of Exchange Rate Variability, Shipping Cost, and Geography* [R]. NBER Working Paper, No. 7836, 2000.

[207] Parsley D., Wei S. J. *Limiting Currency Volatility to Stimulate Goods Market Integration: A Price Based Approach* [R]. IMF Working Paper, wp/01/197, 2001.

[208] Patterson M. G. *What Is Energy Efficiency?: Concepts, Indicators and Methodological Issues* [J]. Energy policy, 1996, 24 (5): 377 – 390.

[209] Perry S. *Do Urbanization and Industrialization affect Energy Intensity in Developing Countries?* [J]. Energy Economics, 2013 (37): 52 – 59.

[210] Piketty T., Yang L., Zucman G. *Capital Accumulation, Private Property and Rising Inequality in China* [R]. CEPR Discussion Papers, 2017.

[211] Poncet S. *Domestic Market Fragmentation and Economic Growth in China* [R]. Mimeo, 2002.

[212] Poncet S. *Measuring Chinese Domestic and International Integration* [J]. China Economic Review, 2003, 14 (1): 1 – 21.

[213] Poncet S., Rondeau F. *Are Chinese Provinces Forming an Optimal Currency Area? Magnitude and Determinants of Business Cycles within China* [R]. Tinbergen Institute, Erasmus University,

Mimeo, 2005.

[214] Qian Y., Weingast B. R. *Federalism as a Commitment to Preserving Market incentives* [J]. The Journal of Economic Perspectives, 1997, 11: 83 - 92.

[215] Raymond L., Pierre J. *R&D As A Determinant of Innovation in Manufacturing SMEs: An Attempt at Empirical Clarification* [J]. Technovation, 2010, 30 (1): 48 - 56.

[216] Roberta C., Andrea C., Ugo F. *Measuring Border Effects in European Cross - Border Regions* [J]. Regional Studies, 2018, 52 (7): 986 - 996.

[217] Rolfo S., Calabrese G. *Traditional SMEs and Innovation: The Role of The Industrial Policy in Italy* [J]. Entrepreneurship & Regional Development, 2003, 15 (3): 253 - 271.

[218] Samuelson P. *Theoretical Note on Trade Problem* [J]. Review of Economics and Statistics, 1954, 46: 145 - 164.

[219] Saunders H. *Fuel Conserving (and Using) Production Function* [J]. Energy Economics, 2008, 30 (5): 2184 - 2235.

[220] Song T., Zheng T. G., Xia K. *Regional Clustering and Synchronization of Provincial Business Fluctuations in China* [J]. Chinese Geographical Science, 2018, 28 (4): 571 - 583.

[221] Wang H., Zhou P., Zhou D. Q. *Scenario - Based Energy Efficiency and Productivity in China: A Non - Radial Directional Distance Function Analysis* [J]. Energy Economy, 2013, 40 (2): 795 - 803.

[222] Wei C., Ni J. L., Sheng M. H. *China's Energy Inefficiency: A Cross - Country Comparison* [J]. The Social Science Journal,

2011, 48 (3): 478 - 488.

[223] Wei S. J. *Intra - National Versus International Trade: How Stubborn are Nations in Global Integration?* [R]. NBER Working Paper, No. 5531, 1996.

[224] Wong A. *Measuring Trade Barriers: An Application to China's Domestic Trade* [R]. University of Chicago, working paper, 2012.

[225] Wooldridge J. M. *Introductory Econometrics, A Modern Approach* [M]. South - Western: Thomson Learning, 2003.

[226] Xing W. B., Li S. T. *Home Bias, Border Effect and International Market Integration in China* [J]. Review of Development Economics, 2011, 15: 491 - 503.

[227] Young, A. *The Razors Edge: Distortions and Incremental Reform in the People's Republic of China* [J]. The Quarterly Journal of Economics, 2000, 115: 1091 - 35.

[228] Zhao W., Zhou X. G. *From Institutional Segmentation to Market Fragmentation: Institutional Transformation and the Shifting Stratification Order in Urban China* [J]. Social Science Research, 2017, 63 (3): 19 - 35.